广东海洋大学科研启动费资助项目“基于全球伙伴关系的海外耕地投资企业
战略研究”（项目编号R19036）研究成果，由广东海洋大学资助出版

中經管理

中国企业海外耕地投资研究

Research on Overseas Cultivated Land Investment of Chinese Enterprises

喻　燕／著

中国经济出版社
CHINA ECONOMIC PUBLISHING HOUSE
北　京

图书在版编目（CIP）数据

中国企业海外耕地投资研究/喻燕著.
—北京：中国经济出版社，2020.6
ISBN 978-7-5136-6080-8

Ⅰ.①中… Ⅱ.①喻… Ⅲ.①耕地—海外投资—研究—中国 Ⅳ.①F323.9

中国版本图书馆 CIP 数据核字（2020）第 037689 号

责任编辑 叶亲忠
责任印制 马小宾
封面设计 华子图文

出版发行 中国经济出版社
印 刷 者 北京九州迅驰传媒文化有限公司
经 销 者 各地新华书店
开　　本 710mm×1000mm 1/16
印　　张 11.5
字　　数 170 千字
版　　次 2020 年 6 月第 1 版
印　　次 2020 年 6 月第 1 次
定　　价 48.00 元
广告经营许可证 京西工商广字第 8179 号

中国经济出版社 **网址** www.economyph.com **社址** 北京市东城区安定门外大街 58 号 **邮编** 100011
本版图书如存在印装质量问题，请与本社销售中心联系调换（联系电话：010-57512564）

目 录

第一章
绪　论

第一节　研究背景及意义

一、研究背景

（一）粮食安全问题成为全球性、综合性问题

《2019年世界粮食安全和营养状况报告》指出受到宏观经济增速放缓、区域冲突、气候变化及自然灾害影响，2018年全球食物不安全人数达8.216亿。发展援助已经不能有效解决发展中国家农业增产问题，通过吸引外部投资释放发展中国家的耕地利用潜力是提高全球粮食产量的希望。粮食安全及贫困问题仍然是当今世界面临的难题。

随着国际政治、经济的发展，粮食被赋予了工业品、金融品、投资品等多重属性，在全球相继发生能源危机、粮食危机及金融危机背景下，各国更加重视农业基础地位，注重全球农业资源的整合利用和农产品市场的深度开发，对于开展耕地资源开发、人力资源、农业生产、农业研究、农村基础设施、水资源管理等方面农业国际合作的诉求也更加强烈。

海外耕地投资作为全球土地资源整合利用的新方式已逐渐成为土地资源贫乏国缓解国内土地资源矛盾、扩充土地资源供给量的新手段。从2008年起，全球海外耕地投资规模急剧增长，据Land Matrix（土地矩阵）的相关统计数据，2000—2018年，全球共签订土地投资合作协议2560项，涉

及土地总面积为10384.74万公顷，平均合约执行率为15.93%。

2018年以来，各国多边和双边关系发生了巨大变化，贸易保护主义和反全球化蔓延，对粮食和农业的直接投资产生影响。发达国家不断强化全球粮源、物流、贸易、加工、销售全产业链布局，全球农业资源特别是优质耕地资源的争夺越来越激烈。

海外耕地投资有利于各国发挥比较优势，促进区域内农业要素有序流动、农业资源高效配置、农产品市场深度融合，推动各国实现经济互利共赢发展，形成全球农业国际合作新格局。

（二）中国粮食安全潜存危机，亟待制定海外耕地投资规划

党的十八大以来，中国提出了"确保谷物基本自给、口粮绝对安全"的粮食安全观，确立了"以我为主、立足国内、确保产能、适度进口、科技支撑"的国家粮食安全保障策略。实行最严格的耕地保护制度，实施"藏粮于地、藏粮于技"方略，持续推进农业供给侧结构性改革和体制机制创新，粮食生产能力增强，粮食流通现代化水平提升，粮食供给结构优化，粮食产业经济得到稳步发展。①

《中国的粮食安全白皮书2019》显示，2018年我国谷物产量6.1亿吨，占粮食总产量的90%以上，比1996年的4.5亿吨增加1.6亿吨。我国谷物自给率超过95%，为保障国家粮食安全、促进经济社会发展和国家长治久安奠定了坚实的物质基础。

中国作为世界上主要的粮食生产国、进口国和消费国，粮食供求仍将处于紧平衡态势。中国农业生产资源性短缺与结构性短缺的矛盾长期存在，生产成本上升，农业劳动力老龄化、低文化、兼业化、耕地利用率下降制约着中国农业的可持续发展，过度强调依靠国内资源保障粮食安全可能要付出经济、资源及环境代价。

中国农业与世界农业高度关联，我国农业对外合作在顶层设计、政策创设、平台建设等方面有一定突破，合作格局初步形成。农业全球化有利

① 2019年10月14日国务院新闻办公室发布《中国的粮食安全白皮书2019》。

于实现国家粮食安全保障体系与构建持续、稳定、安全的全球农产品供应链。①

据Land Matrix（土地矩阵）的相关统计数据，2008—2015年中国海外耕地投资合同面积和交易数均呈现增加趋势，2015年以后增速放缓。2000—2018年，中国企业已在亚洲、欧洲、非洲、北美洲和南美洲等40个国家签订土地投资合作协议230项，涉及土地总面积为961.42万公顷，其中已投入生产的项目167项，土地面积738.38万公顷。

当前，中国海外耕地投资生产的粮食产量约达到国内粮食产量的1.0%，进口到国内的数量占国内粮食总产量的0.5%以下，对于国内保障粮食安全效果并不显著。当海外耕地投资粮食进口率超过75.3%时，海外耕地投资会对中国粮食供给安全产生显著影响。中国企业进行海外耕地资源投资成为保障粮食安全、经济安全及外交安全、有效减缓国内土地供给压力、增加全球粮食供给，解决中国及全球粮食问题必然选择。

中国亟待制定海外耕地投资规划，突破体制政策障碍，支持中国企业进行海外耕地投资，形成“国家推动、企业实施”的良性投资模式。

（三）中国企业海外耕地投资受挫，迫切需要战略管理方法指导

全球化浪潮中，国家间的经济依赖与经济生活的国际化成为主要趋势，呈现出竞争更激烈、集团化、经济合作多样化、经济政策协调经常化、制度化特点。随着世界经济持续失衡、国际金融持续动荡、周边经济态势持续紧张，中国经济面临的总体风险将不断上升。

海外耕地投资是当前国际政治、经济大背景下涌现的新问题，中国企业海外耕地投资中不确定性因素、未知因素、随机因素大量存在且不断变化。中国企业海外耕地投资存在投资区域选择、项目投资决策、投资企业扶持与监管等诸多问题。企业缺乏明确投资规划，投资布局规划、投资目标和投资路径，规模较小且整体实力和竞争力弱，在实践中经历了一些挫折。提高中国企业内部条件与外部环境的匹配，进行海外耕地投资动态管

① 于海龙，张振．“一带一路”背景下我国农业对外合作的潜力、风险与对策研究［J］．经济问题，2018（2）：108-112.

理的现实需求已迫在眉睫。

二、研究意义

（一）理论意义

1. 丰富生产要素国际移动理论

生产国际化与国际要素流动理论对于土地、资本、劳动力、技术四种重要生产要素中资本、劳动力、技术三种要素国际流动的原因、内容、形式、对世界经济影响有很深研究并形成理论体系。生产要素国际移动的原因在于各国生产要素禀赋的差异性、各国间经济水平发展不平衡及各国政府干预。因土地不具有移动性，学界对于土地要素在国际间进行生产领域直接协作、重新组合配置的特点及其协调机制研究较少。

海外耕地投资实质是投资方以资本国际化为杠杆，利用全球闲置、低效耕地资源与富余的劳动力资源，改进粮食生产，增加全球粮食供应量，实现土地作为世界性生产要素的合理配置。本研究成果将丰富生产国际化与国际流动理论关于土地要素的研究理论。

2. 论证发展中国家对外直接投资发展阶段论

国际直接投资理论包括垄断优势理论、产品生命周期理论、内部化理论、比较优势理论、国际生产折中理论、投资诱发要素组合理论、资本化率理论等。传统的对外直接投资理论大多以发达国家的跨国公司为研究主体，强调垄断优势是影响国际投资的决定性因素，发展中国家对外投资理论研究尚未形成通论。发展中国家的跨国投资企业已初具规模，其对外直接投资活动、全球网络架构，不但改变了传统的国际经济格局，也推动着企业经营管理范畴从理论到方法的创新和发展。

海外耕地投资已成为中国对外农业投资的重要组成部分，中国企业海外耕地投资实践既具有中国特色又代表着发展中国家企业海外投资的一般规律，本研究通过揭示中国企业海外耕地投资的动因与比较优势，探明发展中国家对外投资的共性问题，从而论证发展中国家对外直接投资阶段论。

3. 拓展中国企业投资战略管理理论

海外耕地属于国际土地合作，本研究通过分析中国企业海外耕地投资现状与问题，运用企业战略管理理论对中国企业海外耕地投资的战略分析、战略规划、战略风险控制、战略实施保障进行系统研究。运用风险管理理论揭示中国企业海外耕地投资风险发生、演变的一般规律，建立战略风险识别模型、风险预警并进行相关实证研究。研究内容及研究方法上都对战略管理理论进行了拓展。

（二）现实意义

（1）促进全球耕地资源的使用效率与收益，实现各国在耕地数量、质量和种类方面的互补。

（2）为中国制定海外耕地投资国家规划提供参考，拓宽中国粮食安全的保障领域，解决中国粮食短缺问题，保障全球粮食安全。

（3）指导中国企业提高海外耕地投资管理水平，合理规避海外耕地投资风险，加速中国企业国际化进程。

（4）为相关研究人员从事海外耕地投资问题的研究提供借鉴。

三、研究创新

（一）提出了海外耕地投资企业战略风险研究范式

建立中国企业海外耕地投资战略风险研究理论模式与分析框架，构建出包括企业战略、外部环境、战略资源、竞争能力、组织结构、运营流程6个一级指标及27个二级指标的指标体系，从战略风险形成机理、战略风险因素识别、战略风险模糊综合评价、战略风险指标预警与模型预警、战略风险监控与应对五个层面展开海外耕地投资企业战略风险系统研究。

（二）补充了海外耕地投资企业战略管理研究方法

构建海外耕地投资选址模型、战略风险模糊综合评价模型、战略风险六维联动预警模型，实现海外耕地投资企业战略管理的定性与定量研究的结合。

第二节 研究动态

一、国内外研究现状

（一）中国企业对外投资研究

1. 中国企业对外投资动因

中国对外直接投资的动因：企业领导追求政治与经济地位（Grossman 和 Hart，1986）[1]；开拓市场、寻求自然资源、增加金融资本（Cai，1999）[2]。发挥产业比较优势，参与国际分工的必然选择（Rowen，2003）[3]；获取战略资产和多元化（Deng，2004）[4]；获取国外先进的生产技术和管理经验（Hong 和 Sun，2004）[5]。

Zhang（2005）建议中国采取对外贸易与投资共同发展的外向经济发展策略[6]。Wu（2005）指出贸易与投资具有相互促进作用[7]。Witt 和 Lewin（2007）认为规避中国国内的商业环境限制，寻找更宽松的经营环境是中国企业海外投资的重要原因[8]。Cheng 和 Stough（2007）指出中国企业投资亚洲的主要原因是地缘和文化优势[9]。Randal、Yeung 和 Zhao（2007）通过研究中国资本市场、企业股权结构、对外直接投资区域，指出中国企业投资东亚国家的主要动因是双方有相似的官僚体系[10]。Antkiewicz 和 Whalley（2006）指出中国企业应该把跨国收购、兼并作为对外直接投资的重要方式[11]。Gammeltoft（2008）指出以中国为代表的金砖国家对外直接投资都面临着策略转变和优化问题[12]。

中国学者宝贡敏（1996）认为控制市场、追求规模经济效益是发展中国家对外投资的基本动因[13]。刘海云（2000）将中国企业对外投资分为投资积累经验与发挥企业优势两个阶段[14]。孙建中（2000）提出了中国对外直接投资综合优势主要是投资动机多极化、差别优势多元化、发展空间多角化[15]。宋亚非（2001）提出了中国企业跨国直接投资的全球策略、市场进入、营销、海外融资及组织结构的设想与规划[16]。张惠博（2002）

指出中国发展海外直接投资具有经济环境和政策条件、宏观资金环境、制度优势、投资要素及技术优势，但存在投资行业分布过于集中、投资规模较小、投资见效较慢、行政审批烦琐、宏观政策欠完善等劣势[17]。王迎新（2003）指出寻求资源开发、扩大出口贸易、开拓国外市场、规避贸易壁垒、获取高新技术是中国海外投资的动因[18]。魏益华（2005）分析中国对外直接投资的基本动因、发展历程、主体行为、具体分布和阶段性特征，指出中国对外直接投资新阶段的重点产业、重点区位及综合分布取向[19]。何骏（2008）指出中国企业对外直接投资存在着内、外两种完全不同的动力源：内部动力源与垄断优势相关，外部动力源与技术获取相关[20]。陈道富（2009）指出我国海外投资区域较为集中、投资行业比较狭窄、投资动机规划不够，面临着政治风险、商业风险、监管风险、文化风险、自然风险、知识产权保护及技术标准壁垒等风险，建议提高国有大型企业的国际竞争力与垄断势力，扶持民营中小企业[21]。杨国亮、王玲（2010）指出中国对外直接投资存在缺乏统一的对外直接投资立法、金融与保险支持体系不健全、信息与技术支持体系不够完善等问题[22]。

2. 中国对外直接投资阶段

中国学者在 Dunning 投资发展阶段理论（IDP）研究框架下，对中国投资发展路径进行了实证检验，虽然由于选取数据、模型形式不同，得出中国 IDP 阶段不尽相同，但总体研究结果显示中国对外直接投资发展符合 IDP 理论。

高敏雪、李颖俊（2004）用 1995—2001 年中国人均 GDP 数据做回归检验得出中国对外直接投资滞后的基本结论[23]。邱立成、于李娜（2005）选取 1982—2002 年相关数据分析，证明中国仍处于经济发展的第二阶段[24]。蔡明聚（2006）通过对对外直接投资的主体、区位、技术、产业及模式选择等研究，验证中国处于投资发展周期的第二阶段[25]。薛求知、朱吉庆（2007）利用时间序列数据实证检验证明，中国对外直接投资存在实际水平和理论预期的偏离[26]。张为付（2008）指出中国对外直接投资具有发展中国家对外直接投资的典型特征，建议实行区域和产业上的非均衡发展对策，以促进从第二阶段向更高阶段的转变[27]。黄武俊、燕安（2010）研究证明中国对外直接投资处于IDP第三阶段，与其他发展中国家相比，虽然中国人均GDP较低，但对外直接投资发展阶段并不落后[28]。

3. 中国企业对外直接投资区位选择

乔惠平（2002）论述了中国对外直接投资的区位、行业及投资方式[29]。江小涓（2003，2006）指出中国未来对外直接投资重点行业为中档加工组装制造业、纺织与服装业、研发机构和中小型高新技术企业、油田及其他重要资源开发等[30-31]。

程惠芳、阮翔（2004）指出投资国与东道国两国间的经济规模总和、人均国民收入水平及双边贸易量FDI正相关[32]。李辉（2007）通过增加变量扩展邓宁的IDP理论模型研究发现，母国人均GDP、出口结构、全球总需求、全球贸易总量对FDI具有显著影响[33]。项本武（2009）指出双边贸易联系及双边汇率对投资具有显著的正影响；东道国市场规模对投资具有显著的负影响；东道国工资水平的影响并不显著[34]。韦军亮、陈漓高（2009）研究表明中国企业在东道国的经营经验、东道国市场潜力、基础设施状况以及经济的开放度对中国直接投资具有显著的促进作用，而东道国政治风险、宏观经济的稳定性对中国的直接投资具有显著的抑制作用[35]。贺书锋、郭羽（2009）研究发现国家间政治因素对中国对外直接投资区位有显著的影响，中国对外直接投资偏好与中国有相同政治信仰、政治摩擦较少、国际地位相似、政治关系定位较高的东道国[36]。

（二）中国企业对外农业投资研究

1963年，联合国成立了世界粮食计划署（简称WFP），粮食援助分为紧急粮食援助（emergency food aid）、计划粮食援助（programme food aid）和项目粮食援助（project food aid）三种类型。粮食援助相关协议主要有：联合国粮农组织（FAO）的“剩余处置和通报的原则”、国际谷物协会（International Grains Council）的《粮食援助公约》、世界贸易谈判达成的《农业协定》等。① 各国应该通过区域与双边合作的方式，在农产品市场准

---

① 曲云鹤．粮食援助国际贸易规则比较［J］．中国农村经济，2009（2）：89-91.

入、出口补贴、农产品价格形成机制、动物及植物检疫等问题上加强协调，有效地提高抵抗全球粮食危机风险的能力，确保自身粮食安全。①

Paarlberg（2000）研究表明世界粮食安全是一个容易商定的政治目标，但作为一项政策目标却难以保证界定性与操作性[37]。Timmer（2000）通过对经济增长、公平分配、粮食价格稳定的研究，指出摆脱饥饿和饥荒威胁，重点在于认识到农业和农村经济政策对其他经济部门的贡献，鼓励通过经济增长后再分配，投资于农村基础设施，创造非农业就业机会，刺激经济快速增长，促进减贫和社会稳定[38]。Andersen（2000）指出实现中亚粮食安全需要加速中亚各国的食品、农业和自然资源部门在市场与区域贸易、农业综合企业、农产品加工技术、粮食安全和农业多样化、用水管理、牧场可持续利用六方面的改革进程，加强粮食安全和自然资源的可持续利用，以减少贫困[39]。粮食生产已成为一个全球问题，农业在环境净化、公众健康、景观保护、文化传承、水资源利用、土壤流失等方面的多功能性，为各种组织参与农业公共品的供给合作留下了广泛的空间[40]。

姜会明（1997）将中国农业国际化模式概括为：基本口粮和其他农产品分离，兼顾效率与粮食安全，有限制地开放国内市场，粮食进口依存度控制在10%以内，有差异的农业国际化区域格局，选择多边协定、双边协定、区域经济圈等参与国际市场分工，适度进口，提高资源利用效率，增加农产品供给和增加农民收入[41]。帅传敏等（2002）指出农业资源短缺、投资不足、农业科技相对滞后、经营规模过小、劳动生产率低、农民组织化程度低、农产品贸易基础薄弱等中国农业国际化面临的问题并提出了对策建议[42]。穆贤清（2004）认为经济全球化导致了生产资源全球范围配置，发展中国家在粮食方面逐步放弃完全自给型的农业生产模式，农业生产结构的调整趋于合理化将减弱传统农业灌溉区的土地退化现象，对环境产生积极影响[43]。周明建（2005）指出中国粮食安全已成为世界粮食安全的重要组成部分，建议广泛地参与世界粮食安全事务，积极开展粮食安全的国际合作，推行粮食进口多元化政策，创造稳固的海外粮食生产基

① 胡莹．从国际政治经济学看世界粮食危机［J］．特区经济，2009（4）：19-21.

地，在国际法的基础上与主要粮食出口国达成协议，稳定供需关系[44]。张士功（2005）指出中国耕地资源绝对量大、人均量小，总量和人均量持续下降的长期趋势难以逆转，粮食安全问题的核心是保护和提高耕地资源安全[45]。

在中国农业“走出去”背景下的中国海外耕地投资实践活动已经在非洲、南美洲、东盟、俄罗斯等国展开，其中有不少经验，也存在诸多问题。

吴兆契（1993）指出中非农业合作开始于20世纪50年代，1959—1979年，中国先后帮助几内亚、马里、坦桑尼亚等12个国家建设87个农业项目，种植面积4.34万公顷，包括农业技术试验站、农业技术推广站和一些规模较大的农场[46]。安春英（1999）通过分析中国开发、利用非洲土地资源的必要性与可能性，提出了中国开发非洲土地资源的相关策略[47]。韩相山（2003）分析了中国在非洲进行农业开发的有利条件，提出政治风险、经营风险、自然风险、观念差异及办事效率风险的规避与化解策略[48]。王勇、杨兴礼（2004）从比较优势理论、国际生产折中理论、技术地方化理论、增长极理论的视角研究了中国在非洲开展跨国农业投资应采取的策略[49]。李嘉莉（2005）通过考察中非农业合作的发展历程及政府间合作现状，建议政府制定中非农业合作的整体规划，出台鼓励企业参与合作的优惠政策、建立风险防范机制和警示管理体系、帮助企业规避政治和商业性风险[50]。王晨燕（2008）指出综合改善非洲农村环境是援非农业项目可持续发展的重要保证，建议稳妥推进援建非洲农业技术示范中心，选派高级农业专家[51]。蒋和平（2008）指出中非农业合作主要问题在于缺少国家级总体规划和政策协调、风险高、比较效益低下、援助与开发脱节、资金筹措困难、缺少机制创新[52]。李淑芹、石金贵（2008）分析非洲农业生产资源与粮食状况，指出加大农业投资，改进农业生产技术和管理经验，帮助非洲国家依靠现有耕地实现粮食自给[53]。李秀峰、徐晓刚、刘利亚（2008）通过分析非洲国家的耕地资源、人力资源、土壤质量、水资源、水管理、农业生产、外资土地政策，建议中国利用农业技术和资金的相对优势开发当地土地资源，但需防范合作中的政治风险、经济风险、环境风险、政策风险[54]。俞毅（2009）提出我国对非洲农业投资需要在主体培育、细分行业选择等方面精心构建、统筹布局[55]。

刘稚（2004）分析了云南与东盟国家农业资源的互补性，建议政府鼓励和引导国有和民营企业采取合作、租赁、购买土地等形式建立农产品生产基地[56]。王永春、王秀东（2006）认为东盟丰富的耕地、水资源尚有部分未合理开发，中国与东盟合作具有资源与技术互补性与民族文化、农业经营方式、气候条件等方面相似性[57]。黄凌军、何政（2007）指出广西与东盟农业合作的制约因素在于两国体制性差异增加了合作难度、政策还不够稳定、偿付能力较低、贸易壁垒限制[58]。唐盛尧（2008）从区域合作、国家合作、贸易促进、产品战略、技术战略上提出推进中国与东盟农业合作的措施[59]。陈前恒、吕之望（2009）认为中国企业与东盟国家农业合作可采取租赁土地种植、购买捕捞许可证、建立生产和加工基地、进行农业资源开发、农产品生产加工和贸易等方式[60]。刘钧霆（2014）提出我国对东盟国家农业直接投资的动机主要是资源开发型与稀缺性农产品寻求型，主要通过新建、并购等形式实现农业产业转移[61]。王永春、王秀东（2018）指出中国企业投资扎堆与内耗竞争；东盟内部政治、经济、历史、文化差异显著；双方在吸引投资及产品出口方面竞争关系及基础设施互联互通性差是影响中国与东盟农业合作的制约因素[62]。姜晔等（2019）认为中国对东盟农业投资尚未形成投资合力，建议从战略对接、产业合作、模式创新、平台搭建、政策支持等方面加强中国与东盟农业合作[63]。杨君岐、任禹洁（2019）采用模糊综合评价法从经济基础、偿债能力、社会弹性、政治风险和对华关系五个方面对“一带一路”沿线国家投资风险进行评估，建议以周边国家为主，包括东南亚、中亚、俄罗斯，逐步拓展非洲、美洲、大洋洲，重点围绕粮食作物、经济作物、畜牧产业、农产品仓储物流业等重要产业开展农业对外投资[64]。

（三）中国海外耕地投资研究

张广翠（2005）指出中国为保持95%以上粮食自给率付出了巨大的经济与生态代价，建议选择一些耕地资源丰富、投资环境较好的国家，购买、开发和租用耕地，建立国外粮食生产基地[65]。龙方（2008）建议与东道国订立长期承租协议，以保证海外粮食生产基地生产的稳定性及两国关系的持续发展[66]。张云华（2009）指出海外农业开发的主要方式是资本运作，重要内容是建立国外生产基地，关键环节是控制国际农产品物流渠道[67]。石军红（2009）认为在粮食自给为主的前提下，尝试“海外屯田”对缓解国内资源紧张，减轻粮食安全压力，缓解全球粮食危机有积极意义[68]。李睿璞、卢新海（2009）借助SWOT法研究了中国海外耕地投资的优势、劣势、机遇与威胁，指出国家应加大支持力度引导企业发展耕地海外贸易，营造相对稳定的外交关系，保障企业投资安全[69]。

黄善林、卢新海（2010）认为海外耕地投资方可以获取粮食来源及投资回报，摆脱国际粮食贸易对本国粮食安全的威胁及金融危机给企业带来的困境；东道国可获取国外先进的农业技术、改善农业生产基础设施状况、创造就业机会、增加税收及得到投资方其他方面援助[70]。韩俊（2013）提出开发对他国耕地资源以增强我国外部获取粮食的能力，对于优化农业结构、丰富农产品种类和数量、缓解耕地资源承载压力均具有重要意义[71]。程国强（2013）提出中国开发境外农业资源要以市场为导向、企业为主体、项目为载体、政府为支撑，以亚非拉广大发展中国家为重点区域、结构性短缺农产品为主要品种，加大境外农业开发投资力度[72]。陈瑞剑、廖绍攀（2013）建议企业选择投资地点时，综合考虑东道国的基础设施、土地政策和成本、社会稳定情况，与中国地理位置的远近以及外交情况等[73]。

卢新海、李书宁（2012）根据投资方和被投资方的部门属性将海外耕地投资划分为公共部门与公共部门合作的“公对公”模式、公共部门与私人部门合作的“公对私”模式及私人部门合作的“私对私”模式[74]。韩璟等（2017）通过分析三种投资模式的表现形式、操作流程、投资特征和适用特点，指出首选引资主导型“公对私”模式[75]。

卢新海（2014）指出海外耕地投资的驱动力主要来自粮食安全驱动、能源安全驱动、金融逐利驱动、产业控制驱动、资源获取驱动、公共政策驱动[76]。卢新海、韩璟（2014）利用灰色系统理论构建评价模型从资源条件、生产基础、宏观环境、投资状况对当前非洲 34 个海外耕地投资东道国的投资潜力进行了评价分析，认为非洲大多数海外耕地投资东道国还处于投资起步阶段，具有较大的投资空间[77]。王蕾（2014）运用因子分析法对全球 37 个耕地投资目标国进行投资环境测算排序及地缘属性分类，提出中国海外耕地投资东道国选择建议[78]。

王蕾、卢新海（2016）通过对海外耕地投资的概念进行溯源，结合海外耕地投资特征，对海外耕地投资的概念进行了广义与狭义的界定[79]。卢新海、达吾然·沙合提汗等（2016）指出海外耕地投资公约规制具有注重解决全球饥饿、维护弱势群体权益、提高生态环境质量、保障投资过程公平等特征，中国应该积极适应海外耕地投资规制[80]。

卢新海、左俊美（2017）运用多元回归模型研究发现，日本海外耕地投资空间地域选择与东道国的耕地面积、市场规模、劳动力成本、国家风险水平及引资政策呈正相关；与东道国的土地产权状况、两国间的地理距离、保护力度呈负相关[81]。韩璟、卢新海（2017）指出海外耕地投资成为部分国家化解粮食安全、能源安全威胁，以及金融企业追求投资利润的重要举措，中国应当从国家支持、政府服务和市场服务方面构建海外耕地投资保障体系[82]。

王帅（2017）鼓励涉农企业海外农田投资，缓解国内的耕地压力，增强在北美洲、南美洲、俄罗斯和非洲粮食生产地区的供应能力，在粮食生产环节为国内粮食供应提供多样化选择[83]。

柯善淦等（2017）通过建立一致门槛自回归模型与非对称误差修正模型，对国内与国际粮食价格的联动效应进行研究，表明海外耕地规模对国内与国际粮食价格的联动效应具有显著的缓冲作用。当海外耕地投资粮食进口率超过 75.3%时，海外耕地投资会对中国粮食供给安全产生显著影响[84-85]。姜小鱼等（2018）基于 2000—2016 年土地矩阵网络数据研究指出中国海外耕地投资以效率寻求型和市场寻求型为主；倾向选择劳动力和土地资源丰富，与我国地理距离较近，制度相似且经济关系较好的欠发达地区投资[86]。韩璟等（2018）选择 Logistic 模型从资源基础、经济状况、治理水平和开放程度四个方面对中美海外耕地投资东道国选择的影响因素进行分析，结果表明，东道国耕地总面积、人均GDP、企业信息披露程度指数、外国直接投资净流入量及商业银行分支机构数是影响东道国选择的因素[87]。万凯、卢新海（2018）采用贸易引力模型和随即效用模型运用2016年中国在全球32个国家海外耕地投资数据，发现中国海外耕地投资倾向于选择制度风险不高、经济发展水平和税率较低、加入了相关贸易协定以及政府清廉度和产权安全度较高的不发达国家[88]。孙侦等（2018）建议加强宣传中国海外耕地投资活动的正义性及保障全球粮食安全重要贡献，对中国企业海外耕地投资活动加大政策支持和科学引导[89]。

（四）中国企业对外农业投资风险研究

Baird（1985）指出特定企业的战略风险只有经过对产业风险和企业风险具体影响因素的综合分析才能决定[90]。Miller（1988）指出影响企业绩效和战略偏移（损失）的主要因素为环境、产业、组织、决策者、战略问题五类风险指标[91]。Boehm（1991）提出了包括风险评估与风险控制的二阶段战略风险管理模式，风险评估包括风险识别、分析和优先排序；风险控制包括风险管理规划、风险监控计划、跟踪和校正活动等[92]。Miles和Snow（1995）把战略风险分为创业风险、运营风险及竞争风险，并构建了战略风险系统的权变模型[93]。Chapman（1997）提出包括定义、聚焦、识别、结构、所有权、评估、评价、计划、管理的九阶段风险管理过程模型[94]。Cooper和Chapman（1998）指出战略风险管理包括风险识别、风险评价、风险预警和风险调控四个阶段[95]。Palmer（1999）通过对收入现金流不确定性的整体分析，把战略风险分为管理风险和组织风险两部分[96]。Das（2001）通过把环境、产业、组织、决策者和战略问题五种特征指标化和定量化，提出战略风险的识别模型[97]。Chatterjee（2003）认为战略风险就是一个企业利用资源和能力把其收益与宏观经济和特定产业的扰动隔离起来的可能性，并提出了由产业因素、资源因素、知识因素、决策因素构成的四因素模型[98]。Slywotzky和Drzik（2005）将战略风险归为行业风险、技术风险、品牌风险、竞争者风险、顾客风险、项目风险及需求停滞风险七个大类并绘制出战略风险地图[99]。

中国学者杨华江（2001，2002）指出战略风险因素是公司发展战略目标、公司资源、公司竞争能力（核心竞争能力）、公司竞争优势和公司业绩产生重要影响的因素。战略风险的影响因素具体包括战略方向、领导能力、管理控制系统、人力资源、财务指标、筹资决策、各业务单位分析等[100-101]。刘升福等（2003，2004）将战略风险定义为企业整体损失的不确定性，并提出了市场失败、战略资源、企业能力、企业家风险倾向几个因素的战略风险模型[102-103]。吴益军（2003）提出跨国战略风险管理的流程，包括战略风险来源分析、战略风险识别、战略风险评估、拟定风险管理策略、选择风险管理技术、战略风险管理流程体系的监督评价等方面[104]。廖跃华、吴毅军（2004）提出包括战略风险来源分析、战略风险识别和评估、拟定风险管理策略、选择战略风险管理技术等方面的跨国公司战略风险管理模型[105]。杜永怡、郭菊娥、杨华江（2004）从公司环境、公司资源、竞争能力以及公司战略四个方面对集团公司战略风险要素进行分析并剖析了战略风险的形成机理[106]。杨乃定（2005）指出战略环境、战略资源、战略知识、战略、结构、流程六个相关的因素为企业战略风险因素，认为它们之间的动态不协调、不匹配是企业战略风险发生的直接原因[107]。祝爱民等（2006）认为战略环境、战略定位、企业的资源和竞争能力、企业领导者构成了战略风险形成因素[108]。刘建国（2008）认为战略风险是企业资源、能力、决策等战略构成要素不能适应环境变化而引起竞争优势和（或）相对竞争优势丧失，影响企业经济绩效和持续发展，使企业战略愿景和目标无法实现的可能性[109]。王翔等（2005）认为市场竞争风险、价值流程风险、资源损伤风险和能力短缺风险是战略风险的四大主要来源[110]。成敏等（2009）将战略风险的来源分为：资源风险、能力风险、环境风险、竞争力风险四个部分[111]。商迎秋（2011）将战略风险要素分为战略目标、战略管理过程、战略环境、战略内容和战略主体并构建了战略风险识别模型[112]。

王宝海、王益强（2003）指出企业对外农业投资主要面临自然、市场、技术、资金、质量、环境、信誉、素质及体制风险[113]。丁君风（2006）针对跨国公司政治风险中的经营性限制、税收歧视、剥夺性措施三种风险，提出预防性策略、分散性策略和缓解性策略[114]。吕坤（2006）

指出自然灾害的威胁，现代化的工业风险、国际局势的动荡、国家分裂、民族矛盾、局部战争、政治对抗、民族争端、保险的局限性促进了外向型企业风险管理的发展[115]。赵银德（2006）从国家主权、政府政策的稳定性及经济民族主义三方面研究东道国政治风险的生成基础，提出最小化东道国的敌对情绪、组织好在东道国的经营业务、实施有计划的本土化行动策略、购买政治风险保险以及制定灾难恢复计划等策略[116]。牛国良（2007）指出资源型企业海外投资的特有风险有政治风险（政策风险、政治势力抵制、政局动荡风险、第三国干预风险）、投资环境风险、汇率风险、人员安全风险[117]。虎岩（2008）指出企业在法制不健全的国家或转轨国家投资除面临自然条件恶劣、自然灾害频发和市场、汇率等商业风险外，还必须警惕政治局势动荡、战乱、征收等政治风险[118]。李清文（2008）建议在对国内政策经济环境及国外的市场环境、法律环境和政治环境综合分析的基础上，加强海外资产风险防范管理[119]。秦远建、何腊柏（2009）指出境外资源合作战略风险是由战略环境分析风险、核心能力风险、境外资源合作区位风险、境外资源合作模式风险、战略决策风险、资源储量和品位风险、融资风险、安全环保风险、跨文化风险、环境突变风险十类战略风险构成的集合[120]。许慧等（2009）建议加强中国企业海外投资宏观调控与指导、防范环境风险与商业经营风险、充分利用海外投资保险、建立会计监管体系[121]。

国家风险评级课题组（2013）从中国企业和主权财富的海外投资视角出发，构建经济基础、偿债能力、社会弹性、政治风险和对华关系 5 大指标、共 37 个子指标，评估了中国企业海外投资所面临的战争风险、国有化风险、政党更迭风险、缺乏政府间协议保障风险、金融风险以及东道国安全审查等主要风险[122]。卢新海、陈丽芳（2013）运用层次分析法对海外耕地投资风险进行评价，建议防范政治环境风险、资源风险、投资主体的技术风险和道德风险，并提出相应对策[123]。卢新海（2014）指出中国海外耕地投资面临着耕地属性特殊、缺乏政策指引与支持、复合型人才缺失、竞争环境严峻、舆论环境不利、规则制定参与程度不足六大挑战[124]。余姝等（2019）提出中国农业对外直接投资的区位选择趋向法治完善且与中国签订了双边协定及避免双重征税协定的东道国，以规避法律风险[125]。

二、文献评述

从 2008 年全球粮食危机开始，国内学者开始关注海外耕地投资问题，部分学者对海外耕地投资的规划、区位选择及市场进入模式、风险与防范、收益分配和法制环境等问题进行了分析，形成了一系列成果。由于受企业信息公开程度的影响，当前海外耕地投资研究中对于投资企业性质、规模、行业的研究存在不足[87]。从微观层面研究中国企业海外耕地投资问题成果仅限于少数几篇文章，对中国企业海外耕地投资管理进行系统研究的文献尚属空白。

国内对企业战略管理的研究成果主要集中在国外相关概念和方法的介绍、企业兼并、收购中风险评价指标设立、评价模型的研究，风险实证研究等方面，对于中国企业海外耕地投资研究仅有少数学者涉及。

第三节　研究理论基础

一、相关概念界定

（一）海外耕地投资

国际投资法律文件对投资的定义可归纳为狭义与广义两类。狭义的投资以企业为基础，指一国企业（个人）在外国直接投资经营企业，直接或间接地控制其投资企业的经营活动，其实现方式包括：在外国设立独资公司或合营企业；收购、兼并外国企业；参与企业经营而取得外国企业的股份等。广义的投资除包括狭义投资外，还包括购买公司股票、债券或其他证券、购买外国政府债券等间接投资方式。

国际货币基金组织将国际直接投资定义为：一国的投资者将资本用于他国的生产或经营，并掌握一定经营控制权的投资行为，这种投资既涉及两个实体之间最初的交易，也涉及二者之间以及不论是联合的还是非联合的国外分支机构之间的所有后续交易。

中国《境外投资项目核准暂行管理办法》将境外投资定义为：投资主体通过投入货币、有价证券、实物、知识产权或技术、股权、债权等资产和权益或提供担保，获得境外所有权、经营管理权及其他相关权益的活动。①

国内学者从“境外农资源利用”“海外屯田”“海外圈地”“国际土地争夺”多个角度定义“海外耕地投资”。龙晓柏、洪俊杰（2013）定义海外屯田，即直接进行海外农业投资和发展农业种植园区，是有效减缓国内农业耕地供给压力、合理利用世界农业生产资源的国际经济合作模式。②王蕾、卢新海（2016）定义海外耕地投资：具有独立投资决策权且对投资结果负责的各类型投资主体，为了满足自身的发展要求或投资主体所代表的国家、地区的经济社会持续发展对农业自然资源及以粮食为主的农产品需求，获取经济效益、社会效益，通过购买、租赁或特许协议等方式，对他国土地的所有权、使用权进行直接或间接占有，目的在于建立、控制、经营以种植大宗农产品为主的大型农业生产项目并将作物产品返销回国或在全球市场上分配的一种资源获取型农业对外直接投资[79]。卢新海、柯善淦（2017）认为海外耕地投资是指投资国与东道国的企业通过签订合同、口头协定等方式，租赁或购买东道国耕地资源，从事农业生产及相关经营活动，以促进耕地资源跨国再分配的投资活动[85]。

本研究认为海外耕地投资属于国际经济合作中的国际土地合作，包括对外土地出售、土地出租、土地有偿定期转让、土地入股、土地合作开发等具体内容。③ 海外耕地投资：各类拥有独立投资决策权并对投资结果承担责任的主体（政府机构、跨国公司、跨国金融机构、居民个人）将其拥有的货币、实物及其他生产要素，经跨国界流动与配置，通过直接或间接

① 张文．海外矿业投资的风险分析及对策防范——中国投资者的视角［J］．中国矿业，2010（12）：61-63.

② 龙晓柏，洪俊杰．韩国海外农业投资的动因、政策及启示［J］．国际贸易问题，2013（5）：78-86.

③ 卢进勇，杜奇华．国际经济合作（第二版）［M］．北京：对外经济贸易大学出版社，2013. 3.

控制他国耕地资源，形成实物资产、无形资产、金融资产，并通过跨国运营实现价值增值的经济活动。

（二）企业海外耕地投资

企业海外耕地投资：海外耕地投资企业在不断变化的内、外部环境中调整资源配置达到组织活动与内、外部环境协调，获取竞争力和超额利润而采用的一整套约定、决策和行动。

（三）企业海外耕地投资风险

企业海外耕地投资风险：各类企业在海外耕地投资过程中，由于风险要素在不同环境下的综合作用影响企业经济绩效和持续发展，致使企业海外耕地投资目标无法实现的可能性。

二、研究理论

（一）全球公共品供给理论

亚当·斯密在《国民财富的性质和原因的研究》首次提出了“公共产品”概念并最早区分了公共产品和私人物品，认为公共产品只能由国家（政府）提供。Samuelson Paul（1954）在《公共开支的纯理论》中认为公共产品是每个人的消费不会减少任意其他人对该物品消费的物品[126]。Olson Mancur（1965）在《集体行动的逻辑》中指出公共（集体）物品是集团中任何个人的消费都不妨碍同时被其他人消费的物品[127]。根据公共品受益范围的不同，公共产品可以分为集体公共品、地方公共品、国家公共品、区域公共品和全球公共品。Sandler Todd（1980）在《国际政治经济学的理论与结构》《全球挑战》中使用了“全球公共产品”概念，从公共产品的角度讨论了国际和全球层次上面临的环境、恐怖主义、制度等方面的国际政治经济学问题[128]。英格·考尔认为，全球公共产品应以世界按国家划分、全球范围人口、代际三个特殊条件作为衡量尺度。Kaul（2003）等人将全球公共产品定义为收益范围扩展到所有国家、人民和世代的产品[129]。

全球公共品的分类：（1）按照非竞争性和非排他性标准分为纯全球公

共品、准全球公共品、俱乐部产品。(2) 按照公共性的人为建构程度分为全球性的天然共有物、全球性的人造共有物、全球性政策结果或条件。(3) 按全球公共品在“生产链”中的位置分为最终全球公共品和中间全球公共品[130]。(4) 按公众受益情况分为全球有益品(public goods)和全球有害品(public bads)。

全球公共品主要通过霸权国家、国际组织、非政府组织、跨国公司、私人等各种行为主体以互动合作、相互渗透的各种合作方式提供。(1) 霸权国家：霸权政府主要代表人 Robert Gilpin 认为国际公共产品应该由霸权国家(指在政治、军事和经济上具有压倒性优势的国家)通过为国际社会提供国际金融体制、贸易体制、安全体制及国际援助体系等来提供。霸权国家提供全球公共产品在于它们可从公共品提供中获得大额利益；可通过威逼利诱促使其他国家提供；可通过对其他国家的控制，在世界范围内攫取资源。霸权国家提供公共品存在的问题表现为：国际公共产品被霸权国家“私物化”,“免费搭车”现象引起国际公共产品供应不足。(2) 大国间的合作：新自由主义理论主要代表 Robert O. ohane 和 Joseph S. Nye 认为霸权国家衰落后，通过主要大国之间的合作也能提供全球公共产品[131]。供给合作主要有外向型合作、内向型合作、政府间联合生产、网络式合作四种类型。(3) 国际组织：联合国、世界银行、国际货币基金组织等国际组织在全球公共产品的供给中都起着极其重要的作用。(4) 非政府组织：与主权国家和政府间国际组织相比较，非政府组织参与全球公共品供给并非出于功利的目的，而是出于帮助弱势群体的国际伦理道德[132]。(5) 跨国公司、私人：依据新自由主义国际合作创设和维护国际公共产品的理论认为，个人、组织、团体或公司都可以提供国际公共产品[133]。

全球农业公共品是指与农业发展密切关联的全球性公共品，主要包括国际食品和农产品市场规制、国际食品援助、全球农业可持续发展、有害作物的替代种植、高效低耗农业的研究活动以及消除农业发展中的区域性和全球性的负外部性作用相关的技术、经济和政策等合作。①

① 陈来生．全球性农业公共品供给问题探讨 [J]. 生产力研究，2005 (10): 37-39.

全球农业公共品的受益范围超越国界，受到公共品外部性与“搭便车”等因素影响，农业公共品自愿供给群体十分有限。由于各国农业生产情况差异，不同政府对于全球性农业公共品供给具有很大的区域性差异和不确定性，供给存在严重的强度（密度）不均匀。全球性农业公共品供给涉及国际经济稳定、国际安全（政治稳定）、国际环境、国际人道主义援助及国际知识共享方面，其供给问题已超出单一国家能够解决的范围和能力，迫切需要主权国家间的合作，国际组织、非政府组织及企业之间共同协商和组织，解决全球农业公共品供给不足问题。

（二）国际资本流动理论

国际资本流动是指国际货币资本及国际产业资本跨国流动的一种形式，即作为生产要素的资本跨越国界，从一个国家或地区转移到其他国家或地区。国际资本流动是以获利为目的、实现资金使用权的跨国支配或有偿转让的一种国际经济活动，可分为国际资本的流入与流出。

国际资本输入理论主要包括：现金移动理论、费雪国际资本流动理论、曼德尔国际资本流动理论；麦克杜尔的国际资本流动理论及弗莱明和孟代尔的国际资本流动理论等。（1）纳克斯的贫困循环理论：1953 年，美国发展经济学家纳克斯在《不发达国家的资本形成问题》一书中指出发展中国家贫困不是因为其资源不足，而是因为存在资本供给与资本需求上的贫困恶性循环。产生两个恶性循环的根本原因在于发展中国家人均收入过低、低收入和贫穷无法创造经济发展所需要的储蓄，而没有储蓄就没有投资和资本形成，结果导致该国持续贫穷。（2）两缺口理论：美国经济学家哈里斯·钱纳里和以色列经济学家迈克尔·布鲁诺的“两缺口理论”认为，储蓄缺口和外汇缺口是制约发展中国家经济增长的两个因素。因此，国际投资的流向只能由储蓄和外汇丰裕的富裕国家流向两者都缺乏的国家。

国际资本运动先后经历了商品资本国际化、货币资本国际化、生产资本国际化三个阶段。国际资本流动的动因包括：资本在不同国家之间收益率的差异、开发与利用国外自然资源、风险的存在与规避、汇率变动和国际收支差额及投机活动、绕过关税与非关税壁垒、东道国的税收优惠及其他变相补贴、实现跨国公司的全球发展等方面。国际资本流动的实现条件在于各国不实行外汇管制或外汇管制较少、健全发达的国际金融市场。

资本国际移动论认为资本国际流动基于各国对技术、管理经验、生产原料等资源需要的差异而产生。在经济全球化时代，资本的逐利性必然使其以全球资源为背景，将资本与区位优势相结合以获取利润的最大化。

生产要素国际移动的原因在于各国生产要素禀赋的差异性、各国间经济水平发展不平衡及各国政府干预。生产要素国际移动与重新配置有通过价格杠杆调节的市场机制和通过有关政府与国际组织调节的非市场机制。

国际资本流动的新格局表现为：（1）国际直接投资持续增长终结，已进入调整期。（2）发达国家之间的资本双向渗透占据主导地位。（3）国际直接投资的产业结构逐渐升级。（4）跨国公司成为国际直接投资主体。（5）国际并购成为国际直接投资的主要方式。

（三）发展中国家对外直接投资理论

以发达国家对外直接投资为主体国际直接投资理论主要包括：垄断优势理论（Monopolistically Advantage Theory）（Hymer，1960）[134]；产品生命周期理论（Theory of Product Cycle）（Vernon，1966）[135]；内部化理论（Theory of Internalization）（Buckley and Casson，1976）[136]；国际生产折中理论（Eclectic Theory of International Production）（Dunning，1971）[137]；比较优势投资理论（Theory of Comparative Advantage）（Kojima，1978）[138]。

20世纪80年代后半期，发展中国家对外直接投资理论初步形成至今仍无一个完整的分析框架，其中代表性的理论主要有：小规模技术理论（L. T. Wells，1983）；技术地方化理论（S. Lall，1983）；技术创新产业升级理论（J. Cantwell 和 P. Tolentino）；动态比较优势理论（Terutomo Ozawa）；直接投资发展路径理论（Dunning）五种[139]。直接投资发展路径理论已成为解释国际“双向”投资尤其是发展中国家投资发展路径的主要理论之一。

直接投资发展路径理论认为，一国的净对外直接投资，即对外直接投资与吸收外国直接投资的差额是一国经济发展阶段的函数，并以人均GNP为衡量指标将一国经济发展阶段划分为五个阶段。第一阶段：人均GNP不超过400美元的国家，净对外投资为零或负值。第二阶段：大多数人均GNP为400~2000美元发展中国家，其净对外直接投资为负值。第三阶段：大多数人均GNP为2000~4750美元的新兴工业化国家，其国际直接投资的流入与流出量规模较大，但净流量仍为负值。第四阶段：人均GNP超过5000美元的发达国家，它们因具有所有权和内部化优势，国际直接投资净值为正。第五阶段：发达国家之间的交叉投资，净对外直接投资额虽为正数，但绝对值已经开始下降。

（四）战略管理理论

企业战略管理理论的产生与发展经历以下三个阶段：以环境为基础的经典战略管理理论阶段；以产业和市场结构分析为基础的竞争战略理论阶段；以资源、知识为基础的核心竞争力理论阶段。

1934年，康芒斯在其著作《制度经济学》中首次使用“战略因素”一词；1938年，巴纳德在其著作《经理人员的职能》中首次将“战略”概念引入管理理论，认为管理和战略主要是与企业领导人有关的工作。1962年，钱德勒在其著作《战略与结构：工业企业史的考证》中，将战略定义为“确定企业基本长期目标、选择行动途径和为实现这些目标进行资源分配”。1965年，安索夫（H. I. Ansoff）在其著作《公司战略》中提出企业战略是由经营范围、增长向量、竞争优势和协同作用四个要素构成。①

企业战略是指企业以长期利益为导向，为实现其生存与发展，在充分估计未来环境的不确定性基础上，为化解风险所采取的一系列行动规划和措施，是对公司使命、战略目标、发展方向、基本经营方针等的高度概括，具有全局性、长期性、纲领性、竞争性、风险性、创新性特征。

企业战略管理是企业为实现战略目标、制定战略决策、实施战略方案、控制战略绩效的一个动态管理过程。战略管理过程（strategic management process）包括战略分析（strategic analysis）、战略制定（strategic formulation）与战略实施（strategic implementation）三个阶段。战略分析包括

① 姚莉．企业战略管理［M］．武汉：武汉大学出版社，2010.

环境分析、资源分析、战略目标的设定，目的是明确企业所处的环境、企业资源能力、竞争地位和企业文化特征，为战略制定做好准备。

国际上通常把风险分为四大类：战略风险、财务风险、运营风险、事故灾害。Andrews（1971）在《公司战略的概念》中首先提出了战略风险的概念，认为战略风险是战略性决策所带来的风险，开创性地将战略与风险理论结合[140]。战略风险定义的分歧集中在战略风险是战略性的风险（Strategic Risk）还是战略的风险（Risk of the Strategy）。① Barton、Cllins、Quinn、Simons 等学者分别从管理决策、行业竞争排名、公司业绩和战略实施能力的不确定性等角度对战略风险的概念进行了界定[141]。Barton（1990）认为企业战略风险是企业面临破产等不确定性经营后果时，进行决策所面临的风险[142]。Michael（1990）将战略风险定义为：企业将其收益与宏观经济和产业经济波动进行隔离的可能性。Braian 和 Frederck（2000）认为战略风险是影响整个公司的发展方向、公司文化、信息和生存能力或公司业绩的因素[143]。

战略风险管理理论发展来源于企业内外部日趋复杂的风险环境、风险管理技术的不断提高、国际组织及各国风险管理协会的大力推动及各国企业监管立法支持等方面。

风险运行规律包括：风险存在的客观性和必然性；风险的普遍性和复杂性；风险发生的潜在性和偶然性；风险的可识别性和相对性；风险与预期必要性收益的关联性；风险的差别性和激励性。

风险管理由内部环境、目标设定、风险事项识别、风险评估、风险应对、控制活动、信息与沟通、风险监控八要素构成。为了减少风险发生的概率，降低其损失程度并有效地对风险加以利用，依据风险的性质和风险的管理目标，企业可采取风险回避、风险减弱、风险转移、风险自留等策略。

风险管理是企业应对外部环境变化、科学技术创新发展、资本经营、

---

① James，M. Collins. and Tmothy，W. Ruefli. Strategic Risk：A State Defined Approach［M］. Kluwer Academic Publishers，1996.

企业国际化、企业内部发展的需要。（1）内部环境：内部环境包括风险管理理念和风险容量、诚信和道德价值观及企业所处的经营环境等，它为企业管理者如何认识和对待风险设定了基础。（2）目标设定：企业管理当局采取适当的程序设定目标，确保所选定的目标支持和切合企业使命，与企业可承受的风险容量相符。（3）事项识别：企业管理当局根据设定的目标识别出影响目标实现的内部、外部潜在事项，区分风险和机会，将机会反馈到企业的或目标制定过程中。（4）风险评估：企业立足固有风险和剩余风险评价，分析风险的可能性和影响并以此作为决定如何进行风险管理的依据。（5）风险应对：企业管理当局选择风险应对、回避、承受、降低或者分担风险等一系列行动，把风险控制在企业的风险容忍度范围内。（6）控制活动：企业制定风险执行政策和控制程序以确保风险应对措施得以有效实施。（7）信息与沟通：保证信息在风险管理主体中的向下、平行和向上流动，确保企业员工在履行其职责时对机会和时机的识别、获取和沟通。（8）风险监控：企业通过持续的管理活动、个别风险评价及综合风险评价对企业风险进行全面监控，必要时加以修正。

第四节 研究内容与方法

一、研究内容

中国企业海外耕地投资管理是一个以问题为导向、通过理论分析和实证研究相结合解决实际问题的研究过程。研究以提高中国企业海外耕地投资综合效益为目标，从“中国企业如何进行海外耕地投资管理”的现实问题出发，系统研究中国企业海外耕地投资规划、投资区域选择、投资风险控制、投资实施保障全过程，目的在于提高企业对于复杂、多维度的海外耕地投资风险的认知与管控能力，增强企业内在条件与外部环境的匹配协调及动态平衡能力，提高企业海外耕地投资管理水平。全书共分为 6 章，主要研究内容为：

1. 全球跨国耕地投资现状评析

通过对全球海外耕地投资的现状、投资动因、投资双方及投资合作方式的分析，研究全球耕地资源投资的积极作用与消极影响，提出国际组织及投资双方控制耕地投资项目消极影响的措施。

2. 海外耕地投资企业战略分析

针对中国企业海外耕地投资的现状与问题，进行中国企业海外耕地投资的 SWOT 分析，提出本地化经营、多元化经营、战略联盟及跨境并购 4 方面经营策略。

3. 海外耕地投资企业选址规划

确定中国企业海外耕地投资目标，构建出农产品市场规模、农业资源禀赋、基础设施质量、营商环境 4 个维度 20 项指标组成的中国企业海外耕地投资选址影响因素指标体系，运用二元 Logistic 模型进行实证研究，指明中国企业海外耕地投资目标区域。

4. 海外耕地投资企业风险防控

构建出由企业战略、外部环境、企业资源、竞争能力、组织结构、运营流程 6 类一级指标、27 个二级指标组成的海外耕地投资企业风险评价指标，运用模糊综合评价模型进行风险评价实证研究，找出海外耕地投资企业风险的影响因子。

构建出企业战略、外部环境、战略资源、竞争能力、组织结构、运营流程六维联动风险预警模型、对风险因素变动幅度、风险弹性进行单项指标预警与综合指标预警，并设计风险预警与监控流程。从控制性风险措施、融资性风险措施及风险补救策略三方面提出风险对策。

5. 海外耕地投资企业战略实施保障

从投资主体群培育、海外投资风险保障、构建海外耕地投资政策支撑、完善海外耕地投资公共服务方面，研究海外耕地投资企业战略实施保障机制。

本书逻辑结构和内容安排如图 1-1 所示。

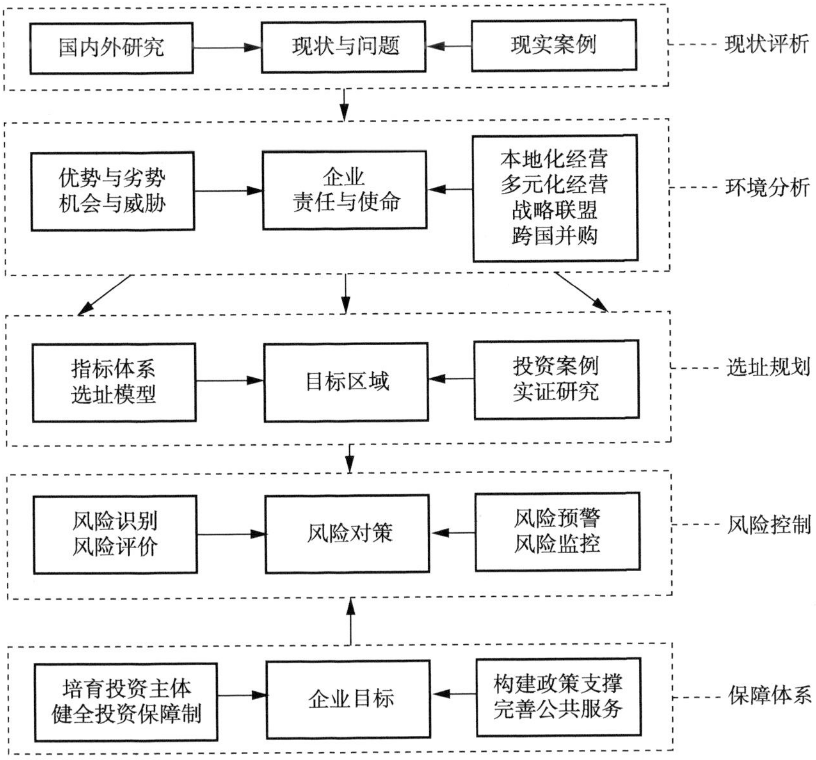

图 1-1 研究思路图

二、研究方法

（一）文献研究及比较分析法

通过文献检索、阅读及分析，对最新研究动态进行梳理，通过对国内外研究现状的比较分析确定本研究框架和内容。

（二）定性分析与定量分析相结合

结合经济预测与决策技术，主要运用二元 Logistic 模型、模糊综合评价模型对中国海外耕地投资区位选择、投资风险评价进行定性描述分析与计量实证研究。

（三）多学科理论相结合的方法

由于海外耕地投资问题的复杂性，任何单一的理论视角都难以单独解决其研究过程中的各种问题。研究中主要运用世界经济学、国际经济学、国际投资学、国际贸易、国际商法、战略管理理论、风险分散化理论等基本理论与研究方法，较系统地研究中国海外耕地投资管理问题。

第二章
全球跨国耕地投资现状评析

第一节　全球跨国耕地投资动因

一、粮食进口国保障国内粮食安全

1996—2007年，世界总人口增长率为13.6%，谷物产量增长率为12.2%，伴随全球农业研究及农村基础设施投资减少、日益严重的水短缺问题等影响，世界众多地区粮食产量增长已经放缓，由于气候变化、土壤贫化、水资源短缺、城市化等不利因素，全球每年约有2000万公顷农田消失。

据联合国粮农组织AQUASTAT数据库数据，2007年全球土地面积为134.32亿公顷，其中可耕地面积14.02亿公顷，占陆地面积的10.44%，人均耕地面积约0.225公顷。2017年全球可耕地面积14.26亿公顷，占陆地面积的10.99%，人均耕地面积约为0.187公顷。世界主要国家土地利用状况、农作物收获面积、农产品进出口额详见表2-1、表2-2。

各洲耕地面积大小排名依次为：亚洲、欧洲、非洲、北美洲、中美洲、南美洲、大洋洲。亚洲耕地总面积最大但人口约占世界人口的60.4%，人均耕地面积0.14公顷，仅为世界平均水平的60%。除亚洲外，其余各大洲的人均耕地面积均超出了世界平均水平。亚洲和非洲的高质量耕地面积占全部耕地面积的比例最低，分别仅为20%和6%，而北美洲、南美洲、欧洲、大洋洲为 30%。非洲和南美洲可耕地面积分别为 7.71 亿公顷和 10.28 亿公顷，实际耕作面积分别为 2.11 亿公顷和 1.43 亿公顷，占可耕地总面积的比例分别为 27.3%和 13.9%，远远低于亚太地区。[1]

表 2-1　2017 年世界主要国家土地利用状况

单位：万公顷

区域	国家	国土面积	陆地面积	耕地面积	多年生作物面积	森林面积	人口密度（人/万公顷）
亚洲	中国	96000	93882	11900	1600	20832	14770
	孟加拉国	1480	1302	776	83	143	126500
	柬埔寨	1810	1765	380	15	946	9070
	印度	29800	29732	15646	1300	7068	45040
	印度尼西亚	19110	18116	2350	2250	9101	14570
	伊朗	17450	16288	1469	179	1069	4980
	日本	3780	3646	420	29	2496	34780
	哈萨克斯坦	27250	26997	2940	13	331	670
	韩国	1000	975	146	21	618	52800
	老挝	2370	2308	153	17	1876	2970
	马来西亚	3310	3286	95	660	2220	9630
	缅甸	6770	6531	1088	155	2904	8170
	菲律宾	3000	2982	559	535	804	35190
	斯里兰卡	660	627	130	100	207	34200
	泰国	5130	5109	1681	450	1640	13510
	越南	3310	3101	700	407	1477	30810
	埃及	10020	9955	290	92	7	9800
非洲	尼日利亚	9240	9108	3400	650	699	20960
	南非	12190	12131	1250	41	924	4680
北美洲	加拿大	99850	90935	4361	470	34707	400
	墨西哥	19640	19440	2291	269	6604	6640
	美国	98320	91474	15226	260	31010	3560

① 李秀峰，徐晓刚，刘利亚．南美洲和非洲的农业资源及其开发 [J]. 中国农业科技导报，2008，10（2）：56-66.

续表

区域	国家	国土面积	陆地面积	耕地面积	多年生作物面积	森林面积	人口密度（人/万公顷）
拉丁美洲和加勒比海	阿根廷	27800	27367	3920	100	2711	1620
	巴西	85160	83581	8002	657	49354	2500
南美洲	委内瑞拉	9120	8821	270	70	4668	3630
欧洲	法国	5490	5476	1848	99	1699	12260
	德国	3570	3489	1185	21	1142	23700
	意大利	3010	2941	660	245	930	20590
	波兰	3130	3062	1089	39	944	12400
	俄罗斯	170980	163769	12312	160	81493	880
	西班牙	5060	5002	1234	470	1842	9310
	土耳其	7850	7696	2065	328	1172	10490
	乌克兰	6040	5793	3254	89	966	7740
	英国	2440	2419	601	5	314	27290
大洋洲	澳大利亚	77410	76823	4613	33	12475	320
	世界	1343250	1297332	142593	16554	399913	5810

资料来源：联合国 FAO 数据库，《2018 国际统计年鉴》。

表 2-2　2017 年世界主要国家农作物收获面积与农产品进出口

单位：万公顷

区域	国家	稻谷小麦玉米收获面积	大豆收获面积	根茎类作物收获面积	水果收获面积	农产品进口净值（亿美元）
亚洲	中国	10249. 31	734. 20	952. 04	1597. 17	795. 05
	孟加拉国	1209. 01	6. 29	52. 55	48. 88	105. 88
	柬埔寨	311. 03	10. 40	40. 31	6. 16	4. 79
	印度	9922. 00	1060. 00	250. 60	710. 78	-48. 66
	印度尼西亚	2116. 30	35. 70	103. 69	78. 04	-191. 99
	伊朗	905. 50	8. 30	16. 09	123. 98	33. 1
	日本	180. 30	15. 02	13. 14	18. 91	633. 92
	哈萨克斯坦	1485. 50	12. 55	18. 29	15. 35	8. 93
	韩国	81. 96	4. 08	4. 83	19. 53	212. 96

续表

区域	国家	稻谷小麦玉米收获面积	大豆收获面积	根茎类作物收获面积	水果收获面积	农产品进口净值（亿美元）
亚洲	老挝	116.33	0.43	7.69	5.59	-4.06
	马来西亚	69.97	0	0.52	9.05	-80.2
	缅甸	778.14	13.97	7.41	47.04	-15.82
	菲律宾	736.45	0.05	35.07	158.28	53.89
	斯里兰卡	84.93	0.83	3.03	17.14	-1.11
	泰国	1195.08	3.10	137.89	126.45	-205.42
	越南	881.00	6.80	67.46	66.02	-49.3
	埃及	317.57	1.50	18.04	68.48	77.36
非洲	尼日利亚	1974.78	75.00	1551.37	194.40	22.96
	南非	334.72	57.40	9.41	29.76	-32.97
北美洲	加拿大	1392.95	263.28	34.22	9.47	-253.55
	墨西哥	986.58	26.26	7.24	142.85	-18.98
	美国	5314.92	3622.87	47.96	116.24	-10
拉丁美洲和加勒比海	阿根廷	1413.55	1733.51	11.88	47.52	-343.85
	巴西	2261.37	3393.62	151.22	218.17	-650.37
南美洲	委内瑞拉	47.00	0.80	4.98	20.75	29.51
欧洲	法国	938.09	14.10	17.95	87.56	-48.14
	德国	626.65	1.90	25.05	18.40	197.76
	意大利	314.06	32.24	4.90	113.38	92.72
	俄罗斯	4424.10	257.33	188.92	60.03	10.8
	西班牙	601.59	0.17	7.33	157.39	-121.38
	土耳其	1109.04	3.17	14.29	138.43	-10.03
	乌克兰	1406.13	198.19	132.32	29.65	-117.35
	英国	318.16	0	14.60	3.05	359.2
大洋洲	澳大利亚	1871.55	3.00	3.04	26.60	-190.59
	世界	7315.413	12355.11	6696.62	6522.03	

资料来源：联合国 FAO 数据库，《2018 国际统计年鉴》。

2000年以来，水资源短缺问题已经导致全球灌溉耕地面积每年减少1%；[①] 由于乱砍滥伐、过度种植、随意放牧等原因致使水土流失严重、旱涝灾害等，失去植被保护的地面不断扩展，沙漠化现象日益严重。在1977—1987年、1987—1997年、1997—2007年的30年里，每10年全球耕地单位面积产能年均增加2.54%、1.78%、1.18%；全球耕地总产量年均增加2.16%、1.83%、1.18%。[②]

自由贸易导致粮食定价权由发展中国家向少数发达国家集中，耕地供给（粮食产品）不足对于发展中国家所造成的损失高于发达的工业化国家。除了美国、印度、中国、俄罗斯、巴西、加拿大、澳大利亚、尼日利亚、印度尼西亚、阿根廷等耕地面积较多的国家能实现粮食自给外，[③] 分布在非洲西部、中部、东部、南部及南美洲的玻利维亚等多数国家必须通过国际商品粮市场或粮食援助来实现粮食供需平衡。

据统计，2007年至2008年12月，25个国家针对本国国内粮食消费环节实施了粮食补贴和粮食价格管制措施；62个国家通过农业生产信贷对国内粮食生产给予扶持；59个国家采取降低粮食进口关税等税收措施；30个世界主要粮食出口国（如越南、俄罗斯、阿根廷和哈萨克斯坦等）实施了粮食出口数量限制措施。[④] 2007年12月中旬开始，中国政府出台了一系列农产品出口限制政策，取消了包括小麦、稻谷、玉米、大豆等原粮及制粉84种农产品13%的出口退税政策，并宣布对57种农产品征收临时性出口税与配额管理制度。2008年开始，印度、越南及柬埔寨等国对大米等农作物采取出口限制；2009年印度尼西亚增加了2.8亿美元的国内粮食补贴；2009年8月15日，俄罗斯宣布停止粮食出口……

粮食生产减少、储备下降、价格上涨、粮食禁运、出口管制、限额购买乃至社会骚乱等负面消息，加剧了粮食进口大国的危机感。世界主要粮

---

① 杨晓智．世界粮食供求格局变化及保障我国粮食安全问题研究［J］．生产力研究，2010（2）：7-11.

② 数据来源于联合国粮农组织统计数据库（FAOSTAT），根据1977—2007年每年全球粮食每公顷产量和粮食总产量数据计算而得。

③ 冯昭奎．土地问题：从世界看中国［J］．世界知识，2010，13.

④ FAO，2008，Crop Prospects and Food Situation，No. 5，20-23.

食需求国为了摆脱国际粮食市场失灵，寻找适合耕地资源，将海外耕地投资作为保障国内食品供应与粮食安全的长期策略。Land Matrix（土地矩阵）的相关统计数据，2000—2018年，全球共签订土地投资合作协议2560项，涉及土地总面积为10384.74万公顷，平均合约执行率为15.93%。

二、国际资本逐利性争夺耕地

20世纪90年代金融危机期间，全球农业领域的投资大幅缩减，每年流入农业的对外直接投资不足10亿美元。农业在世界国民生产总值中比重从1970年的7.4%下降至2004年的5%。2005—2007年，全球农业对外直接投资年流入量增加了2倍，达到30亿美元。2008年，美国次贷危机爆发以来，全球股市和债市达到了历史最低水平，欧美投资基金、投资者和投机者纷纷转向供求平衡相对紧张、投资风险相对减弱的粮食等大宗商品市场。由于耕地资源的不可再生性，粮食在国际资本竞争格局中却变成了投资品和资本品，成为国与国之间利益博弈的重大筹码。农业跨国公司通过大力推行全球化经营，积极开展国际性投资，实施跨国合资合作和独资建厂，加快推进跨国兼并和收购方式，推进全球农业跨国公司化和农业国际化。高盛、摩根士丹利及德意志银行等国际金融机构的资本介入，全球农产品期货市场实质上被垄断，商品投机行为频发，直接加剧了粮价上涨进程。

2000年以来，美国和欧盟国家提出的“生物燃料政策”改变了世界传统农业出口大国的农业生产格局。为了应对全球气候变化和高油价，发达国家纷纷运用大量原本出口的玉米、菜籽、棕榈油生产生物燃料，燃料乙醇在全球范围内迅速大规模扩张，生物能源占用耕地面积也迅速扩张。据2007年欧盟出台的“可再生能源路线图”提出的目标推算，2020年燃料乙醇将占耕地1.29亿公顷，相当于欧盟耕地总面积的11%；生物柴油占地0.46亿公顷，占耕地总面积的4%；能源作物合计占地1.75亿公顷，占耕地总面积的 15%。[①] 2000—2007 年，生物燃料促动粮价上涨了近 30%；2008—2009 年度全球用于生物燃料生产谷物利用总量为 1.04 亿吨，比 2007—2008 年度的估算水平增加 22%，占全球谷物产量的 4.6%。[②]

生物燃料的发展严重扭曲了粮食的供给和价格，生物燃料的生产不仅没有解决能源和环境问题，反而成为全球粮价高涨和贫困人口增加的主要推手之一。[③] 2008 年 4 月，世界银行的一项评估认为，生物能源应该承担粮食价格上涨一半以上的责任。[④] 2008 年 6 月 3 日，在意大利罗马举行的“联合国粮食峰会”上，世界银行经济学家唐纳德·米切尔研究证实在影响全球粮价上涨的诸多因素中，生物燃料因素占其中的 65%。

据联合国粮农组织的统计数据，以 2000 年食品及粮食价格为基准，2008—2018 年期间，国际市场农产品价格出现先高涨后回落趋势。2009 年粮价总体在 2008 年底水平上低位运行，全年总体涨幅低于 2008 年。2010 年俄罗斯及东欧地区的干旱、2011 年初澳大利亚历史罕见的洪灾都极大降低全球粮食供给。俄罗斯、乌克兰等国宣布限制小麦等粮食出口，导致中东、北非等地粮食进口商大量购进和囤积小麦，进而加剧了全球粮食价格上涨趋势。2010 年 12 月的小麦、玉米、油籽、奶制品、食糖、肉类等批发价格上涨至 214.7 点，成为 1990 年以来粮农组织粮价指数增幅最大的一次。2011 年初，受澳大利亚洪水飓风、俄罗斯及中国北部干旱等恶劣天气影响，全球粮食价格出现加速上涨。2014 年达到峰值，2015 年后出现回落，2008 年 1 月—2018 年 12 月国际市场农产品价格指数详见表 2-3、图 2-1。

国际学术界对粮食价格上涨归因于：原油价格上涨、生物燃料发展、低粮价导致的生产不足、中国和印度等新兴国家增加的粮食需求、美元贬值、市场投机和主要出口国的贸易政策等。[⑤] 由金融危机、生物燃料、粮

---

① 陈瑜琦，李秀彬，盛燕，张雯．发展生物能源引发的土地利用问题［J］．自然资源学报，2010，25（9）：1497-1503.

② FAO，2009，Crop Prospects and Food Situation，No. 1，8.

③ 国际粮食政策研究所．全球粮食安全仍面临威胁［J］．质量探索，2008（11）：19.

④ 胡莹．从国际政治经济学看世界粮食危机［J］．特区经济，2009（4）：19-21.

⑤ 王士海，李先德．全球粮食危机与后危机时代的国际粮食市场［J］．郑州大学学报，2010，43（4）：146-150.

食出口限制联合驱动的食品价格泡沫，促进了农产品期货交易投机的活跃，资本市场将农业生产作为一个重要的投资领域。

表 2-3　2008 年 1 月—2018 年 12 月国际市场农产品价格指数

日期	价格指数	日期	价格指数	日期	价格指数
2008 年 1 月	97. 4	2012 年 1 月	111	2016 年 1 月	101
2008 年 12 月	79. 3	2012 年 12 月	112. 4	2016 年 12 月	95. 7
2009 年 1 月	84. 6	2013 年 1 月	111. 6	2017 年 1 月	89. 5
2009 年 12 月	95	2013 年 12 月	102. 2	2017 年 12 月	84. 9
2010 年 1 月	96. 2	2014 年 1 月	111	2018 年 1 月	87. 0
2010 年 12 月	118. 8	2014 年 12 月	117. 4	2018 年 12 月	82. 6
2011 年 1 月	124. 3	2015 年 1 月	111. 6		
2011 年 12 月	109. 1	2015 年 12 月	102. 2		

注：以 2010 年为 100%。

数据来源：国家统计局。

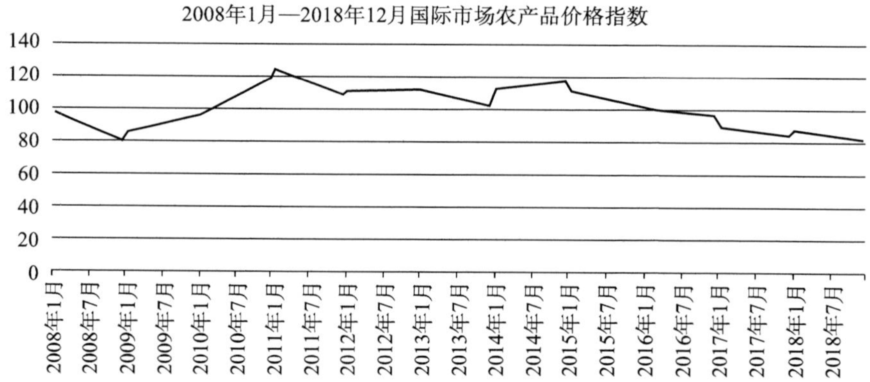

图 2-1　2008 年 1 月—2018 年 12 月国际市场农产品价格走势

2009 年《世界投资报告》（主题为“跨国公司、农业生产和发展”）重点讨论了跨国公司在参与农业生产时发挥的作用和影响。2009 年全球农业对外直接投资特征为：（1）投资主体以国有企业、主权财富基金和国际机构为主。（2）投资目的地主要分布在亚洲、非洲、大洋洲地区的发展中国家。（3）投资产品主要集中于生物燃料生产且地区专业化明显。（4）直接与间接投资方式相结合，以订单农业为主。

当前海外耕地投资中仍旧是以英美这些发达国家占据投资主导地位。国际投资集团与农业跨国公司已将食物和燃料的生产作为一种新型的利润来源，由于农业生产国际化与资本逐利性需要，金融寡头正通过直接操控国际农产品市场或操纵政府介入国际耕地市场。

三、国际农业合作推动

1992 年，里约热内卢联合国环发大会制定的《21 世纪议程》及 1993 年联合国粮农组织（FAO）等机构提出的《土地利用规划指南》，从加强土地资源优化配置的预警机制、公众参与、数据和信息交流、建立区域协作等 10 方面对土地资源综合规划和管理与优化配置提出了具体要求。2000 年 3 月，联合国可持续发展委员会第八次会议指出土地资源优化配置的领域在土地退化的防治（缓解）、土地获得和产权安全、生物多样性、森林、干旱地区土地、山区、湿地、海岸带、自然灾害、城乡交错关键领域、公众参与、国际合作等方面。①

2007—2008 年，意大利、乌兹别克斯坦、摩洛哥、几内亚、毛里塔尼亚、塞内加尔、西孟加拉邦、印度尼西亚、津巴布韦、布基纳法索、喀麦隆、也门、约旦、沙特阿拉伯、埃及、墨西哥、阿根廷和海地等地相继爆发了粮食暴动。饥饿问题带来的负面影响已经波及全球经济、政治、社会生活的各个方面。

2008 年《世界粮食安全宣言》中指出“迫切需要帮助发展中国家与转型国家扩大农业和食品产量，并增加公共和私人对农业、农业综合企业和农村发展的投资”。2008 年，国际农业科技发展评估机构在《国际农业科技发展评估》中呼吁发达国家捐献 5 亿美元及时解决日益严重的全球粮食危机。2008 年 10 月 16 日，联合国秘书长潘基文在“世界粮食日”指出，“全球金融动荡致使人们对不断攀升的粮食和燃料费用忧心忡忡，粮食短缺不仅使饥饿问题变得更加突出，还引发了社会动乱、环境退化等其他威胁，全球必须共同合作应对多重危机。”联合国粮农组织（FAO）和

---

① 谢俊奇．经济全球化背景下的土地资源优化配置［J］．国土经济，2000（6）：11-13.

世界粮食计划署（World Food Programme）预计，2008 年在部分国家引起骚乱和不稳定政局的粮食危机在未来几十年还将再现。《2009 年世界投资报告》指出，农业领域的基础设施投资水平不足以实现粮食产量到 2050 年增长 70%的目标，也无法满足届时全球 91 亿人的粮食需求。2010 年 9 月，联合国粮农组织发布的《世界农作物前景展望及粮食形势》显示，在非洲 53 个国家中，约有 2000 万人必须依赖国际粮食援助生存。

《2019 年世界粮食安全和营养状况报告》显示：2018 年全球总人口为 76.33 亿人，中等和严重的粮食不安全人口约 20.14 亿人，占世界总人口的 26.38%，[①] 饥饿人数达到 8.21 亿人，其中 2008—2018 年，全球食物不足发生率的水平几乎保持不变，略低于 11%，2018 年，全球食物不足率均值为 10.8%，而非洲地区食物不足率高达 19.9%；菲律宾、卢旺达、伊朗等国家深受粮食供给不足和营养不良问题的困扰，粮食不安全形势最为严峻。2008—2018 年全球饥饿人口数详见表 2-4，2005—2018 年全球食物不足发生率详见表 2-5，2018 年全球饥饿人口数详见表 2-6，2018 年全球前 40 个国家全部人口营养不良发生率排名详见表 2-7。

表 2-4　2008—2018 年全球饥饿人口数

单位：亿人

年份	2008	2009	2010	2011	2012	2013	2014	2015	2016	2017	2018
总人口	67.58	68.41	69.23	70.04	70.87	71.71	72.56	73.41	74.26	75.11	76.33
饥饿人口	8.57	8.42	8.22	8.14	8.08	8.00	7.89	7.85	7.97	8.12	8.22
食物不足发生率（%）	12.6	12.3	11.8	11.6	11.3	11.1	10.8	10.6	10.7	10.8	10.8

数据来源：国际粮农组织（FAO）《2019 年世界粮食安全和营养状况报告》。

FAO 研究表明，影响饥饿和营养不良的根本原因在于贫困、不平等和边缘化、经济发展放缓或萎缩及地区冲突。2011—2018 年，有 65 个国家的饥饿人口增加增幅与经济放缓速度相关，经济冲击延长并加剧了粮食危机的严

① 中度食品不安全：人们在获得食物的能力方面面临不确定性，并被迫在所食用食物的质量和/或数量上做出妥协）；严重食品不安全：人们通常食物用光，最糟糕的是一天（或几天）不吃东西。

重性。为达到2030年消除饥饿和营养不良的目标，需要各国采取综合措施，以消除赤贫，确保体面劳动和包容性经济增长以减少不平等现象。

表 2-5 2005—2018 年全球食物不足发生率

单位:%

年份 区域	2005	2010	2015	2016	2017	2018
全球	14.5	11.8	10.6	10.7	10.8	10.8
亚洲	17.4	13.6	11.7	11.5	11.4	11.3
非洲	21.2	19.1	18.3	19.2	19.8	19.9
北美洲与欧洲	<2.5	<2.5	<2.5	<2.5	<2.5	<2.5
南美洲	7.9	5.3	4.9	5.3	5.5	5.5
大洋洲	5.5	5.2	5.9	6.0	6.1	6.2
中美洲	8.4	7.2	6.3	6.1	6.1	6.1
拉丁美洲	8.1	5.9	5.3	5.5	5.7	5.7

数据来源：国际粮农组织（FAO）《2019年世界粮食安全和营养状况报告》。

表 2-6 2018 年全球饥饿人口数

单位：亿人

地区	总人口	中等或严重饥饿人口	占比（%）	严重粮食饥饿人口	占比（%）
全球	76.33	20.14	26.38	7.04	9.2
亚洲	45.45	10.39	22.86	3.54	7.8
非洲	12.88	6.76	52.5	2.77	21.5
北美洲与欧洲	11.06	0.89	8.0	0.11	0.99
拉丁美洲	6.08	1.88	30.9	0.55	9.04

数据来源：国际粮农组织（FAO）《2019年世界粮食安全和营养状况报告》。

表 2-7 2018 年全球前 40 个国家全部人口营养不良发生率排名

排名	国家	发生率（%）	排名	国家	发生率（%）	排名	国家	发生率（%）
1	菲律宾	41.1	6	尼日利亚	19.9	11	蒙古	16.9
2	卢旺达	30.9	7	墨西哥	19.6	12	保加利亚	15.3
3	伊朗	27.8	8	加纳	17.5	13	阿根廷	15.1
4	中国	23.0	9	吉尔吉斯斯坦	17.1	14	几内亚	14.5
5	孟加拉国	20.2	10	老挝	17.1	15	秘鲁	13.8

续表

排名	国家	发生率（%）	排名	国家	发生率（%）	排名	国家	发生率（%）
16	埃及	12.3	25	萨尔瓦多	7.6	34	巴西	3.4
17	巴拿马	12.0	26	哈萨克斯坦	6.4	35	伊拉克	2.5
18	乌兹别克斯坦	10.7	27	乌克兰	6.3	36	土耳其	2.5
19	南非	9.5	28	印度尼西亚	5.5	37	泰国	2.5
20	巴基斯坦	9.3	29	古巴	4.7	38	利比亚	2.5
21	缅甸	8.1	30	塞拉利昂	4.6	39	柬埔寨	2.5
22	印度	7.9	31	塞浦路斯	4.5	40	玻利维亚	2.5
23	尼泊尔	7.9	32	马来西亚	4.2			
24	巴拉圭	7.9	33	阿富汗	3.6			

数据来源：国际粮农组织（FAO）《2019 年世界粮食安全和营养状况报告》。

为解决全球饥饿问题、维护弱势群体权益、提高生态环境质量、保障跨国耕地投资过程的公平性，联合国粮农组织（FAO）、世界粮食安全委员会（CFS）、世界银行（WB）等国际组织制定了一系列规则与自愿文书，[①] 代表性的有《尊重权利、生计和资源的负责任农业投资原则》《国家粮食安全范围内土地、渔业及森林权属负责任治理自愿准则》《负责任渔业行为规范》等，海外耕地投资相关国际规则与规范文书详见表 2-8。

表 2-8　海外耕地投资相关国际规则与规范文书一览表

发布组织	公约准则名称	目标、原则与重点内容
联合国（UN）	《联合国全球公约》	人权、劳工标准、环境、反贪污
	《经济、社会及文化权利国际公约》	国家对于食物权的实现承担最低限度的核心义务，应当采取必要措施减少和消除饥饿
	《联合国防治沙漠化公约》	环境保护
	《联合国综合行动框架指南》	农村生计的粮食及营养安全

① 卢新海，达吾然·沙合提汗，韩璟．海外耕地投资法律规制及其对中国的启示［J］．世界农业，2016（4）：23-28.

续表

发布组织	公约准则名称	目标、原则与重点内容
联合国粮农组织（FAO）、国际农业发展基金会（IFAD）、联合国贸易与发展会（UNCTAD）和世界银行	《尊重权利、生计和资源的负责任农业投资原则》（PRAI）	①土地及相关自然资源权利被认可和尊重；②投资不危及粮食安全；③获得土地和相关投资的过程是透明的、受到监督等；④重大影响的交易是磋商过的，且记录在案并依次执行；⑤项目经济可行且产生持续共享价值；⑥投资产生理想的分配与社会影响；⑦对环境的影响可量化且采取措施鼓励资源的可持续利用
联合国粮食安全委员会（CFS）	《国家粮食安全范围内土地、渔业及森林权属负责任治理自愿准则》	强调获取土地及其他自然资源时，改善渔业及森林权属治理，为所有人带来好处，特别是弱势群体及边缘化群体，实现粮食安全和充足食物权、扶贫、可持续生计、社会稳定、住房保障、农村发展、环境保护及可持续社会和经济发展
	《农业和粮食系统负责任投资原则》（PRIAFS）	①促进粮食安全和营养；②促进可持续包容性经济发展，根除贫困；③性别平等和女性赋权；④青年人参与和赋权；⑤尊重土地、渔业和森林权属以及水资源的获得；⑥保护和可持续管理自然资源，增强抵御能力，减少灾害风险；⑦尊重文化遗产和传统知识，支持多样性与创新；⑧推动建立安全健康的农业和粮食系统；⑨纳入包容、透明的治理架构、流程和申诉机制；⑩评估和应对影响
	《全球粮食安全与营养战略框架》	全球粮食安全和营养安全
联合国粮农组织（FAO）	《世界粮食安全罗马宣言》《世界粮食首脑会议行动计划》	粮食安全
	《土地改革的农村发展国际会议宣言》	农村土地制度
	《国际农药供销及使用行为规范》（1982年）	全球接受的农药管理标准，成为参与农药供销与使用或与之有关的所有公共和私营实体的自愿性行为标准

续表

发布组织	公约准则名称	目标、原则与重点内容
联合国环境规划署（UNEP）	《生物多样性公约》（1992年）	发达国家提供资金与技术补偿发展中国家保护生物资源的费用，为保护世界上的生物资源提供便利；使用别国自然资源的国家要与该国分享研究成果、盈利和技术
世界银行（WB）	《保障非洲土地权属促进共同繁荣》（2013 年）	强调改善土地治理对于实现非洲经济快速增长并将其转化为显著减少贫困和为非洲人包括妇女创造更多的机遇
国际劳工组织（ILO）	《国际劳工公约》	规范国际劳动立法的主要内容，推动各国劳动立法协调。①基本权利；②就业政策；③工作条件；④社会保障；⑤女工、童工、未成年工、老年工人以及特殊工人的劳动保护、劳动福利；⑥劳动关系；⑦劳动管理
经济合作与发展组织（OECD）	《经济合作与发展组织跨国公司指南》（2011 年）	界定了一些自愿遵守的有关可信赖商业行为的原则和标准，包括就业、劳资关系、人权、环境、信息披露、竞争、征税和科学技术等许多领域
二十国集团（G20）	《粮价波动和农业行动计划》（2011 年）	在农业投资、粮食安全与营养、企业跨境运营等方面达成共识。坚持负责任农业投资理念，与联合国粮食安全委员会开展广泛磋商，支持国际组织开展试点项目，鼓励私营部门参与
	《G20 粮食安全和营养框架》（2014 年）	增加对粮食系统的投资、提高生产力扩大粮食供给，增加收入和高质量就业，促进增长

国际规则与文书在促进投资环境改善、鼓励包容和负责任的农业投资起到了积极作用。海外耕地投资公约规制具有注重解决全球饥饿、维护弱势群体权益、提高生态环境质量、保障投资过程公平等特征。但由于各国对规则认识理解与执行中的不统一，加大了投资的不确定性，增加了农业投资谈判难度与投资成本[144]。

FAO 认为，2050 年为了满足超过 90 亿人日益增长的粮食需求需要增加 60%的粮食产量。全球粮食市场供需矛盾在于增加耕地的有限性，农业用水短缺，土壤侵蚀肥力下降、农业政策的失误等因素导致的粮食供给不足与因人口的增长、饮食结构变化及生物燃料发展而引发的粮食需求增加之间的矛盾。

全球农业增长可以促进非贸易产品和服务的投资、创业和就业，有助于建立一个包容性更强、持续减轻贫困的经济增长环境。发展援助已经不能有效解决发展中国家农业部门的增产问题，必须释放发展中国家的耕地利用潜力，吸引外部投资是提高全球粮食产量的希望。

第二节　跨国耕地投资参与方

一、主要东道国

土地是各国不可再生性资源，受国内人口、耕地资源、经济发展水平等条件不同影响，各国针对各自文化、历史、资源条件和法制特征实施了不同的耕地保护与交易政策，美国、加拿大、法国、意大利、巴西、阿根廷等国家都出台了严格限制外国人购买土地的限令。(1) 英国规定所有开发项目需要提交中央政府审核。(2) 美国建立了联邦、州和地方政府及私人团体各种层次的耕地保护体系，制定了耕地的直接购买、编制综合发展规划、农业用途管制、农地发展权购买、保护区划定等种种措施。(3) 丹麦规定耕地购买者必须证明自己有能力耕种且许诺在一定时期内以耕地为生。(4) 德国规定任何耕地交易需要得到政府的批准。(5) 法国将耕地交易是否有利于耕地规模化生产作为国际土地合作的一个必要因素。(6) 以色列，1968 年国家农业土地保护委员会（CAPL）把国内所有的耕地都圈定为永久性的农业区，外国投资者对耕地的开发必须得到批准。① (7) 泰国禁止外国人或外国公司租赁或买卖耕地种植稻米或者其他农作物及养殖牲畜。

多数富裕国家出于耕地数量与质量的保护，均采取了严格的耕地交易限制措施，发达国家作为耕地投资项目接受国的项目极少。大多数发展中

---

① 陈美球，魏晓华，刘桃菊．海外耕地保护的社会化扶持对策及其启示［J］．中国人口·资源与环境，2009，19（3）：70-74.

国家及贫困国家却积极通过出售和长期出租耕地（未开发土地）方式吸引外国投资。2007年国际主要跨国耕地投资国与东道国经济发展、耕地资源及谷物净进口数据详见表2-9。据不完全统计，2007—2008年，整个非洲、拉丁美洲、中亚地区、东南亚等地区的耕地投资数量近2000万公顷，价值高达200~300亿美元。2004—2009年初，仅埃塞俄比亚、加纳、马达加斯加、马里及苏丹5个非洲国家接受并已批准的投资项目多达184项，[①]涉及耕地面积达249万公顷，投资金额达9亿美元。

表2-9 2007年全球耕地投资参与方经济发展、耕地资源及谷物净进口一览表

投资双方	国家	总人口（万人）	土地面积（万公顷）	耕地面积（万公顷）	人均耕地面积（公顷/人）	谷物产量（万吨）	谷物净进口（万美元）
主要投资方	日本	12739.6	3645	432.6	0.03	1202.6	656112
	韩国	4796.2	969.2	159.7	0.03	631.2	284700.9
	沙特阿拉伯	2468	21496.9	340	0.14	304.2	324559.9
	科威特	285.1	178.2	1.5	0.01	0.4	28450.8
	阿联酋	436.4	836.0	7.0	0.02	0	86097.6
	阿曼	272.6	3095.0	6.0	0.001	1.6	21816.4
	卡塔尔	113.8	115.9	1.8	0.02	0.7	12915.7
	巴林	76	7.1	0.2	0.003	/	3909
	美国	30867.4	91619.2	17042.8	0.55	41516.6	1952055.5
	印度	11646.7	29731.9	15865	0.14	26048	-293873.9
	中国	133655.1	93274.9	14063	0.11	45744.3	3327.6
主要东道国	阿根廷	3949	27366.9	3250	0.82	4418.7	489066.5
	巴西	19012	84594.2	5950	0.31	6944.2	3702.3
	乌拉圭	333.9	1750.2	135	0.40	267.7	31524.5
	巴拉圭	612.7	3973.0	430	0.70	286.7	34476.2
	澳大利亚	2085.4	76823.0	4418	2.12	2199.8	446595.8
	加拿大	3294.5	90935.1	4510	1.37	4811.2	487028.6
	泰国	6697.9	5108.9	1520	0.23	3596.4	325336.3

① 黄善林，卢新海．当前国际上海外耕地投资状况及其评析［J］．中国土地科学，2010，24（7）：80-85.

续表

投资双方	国家	总人口（万人）	土地面积（万公顷）	耕地面积（万公顷）	人均耕地面积（公顷/人）	谷物产量（万吨）	谷物净进口（万美元）
主要东道国	印度尼西亚	22467	18115.7	2200	0.10	7044.5	-194542.6
	菲律宾	8871.8	2981.7	510	0.06	2297.7	-138752.5
	巴基斯坦	17317.8	7708.8	2150	0.12	3577.1	126734.8
	苏丹	4043.2	23760	1932.1	0.48	753.2	-32801.9
	莫桑比克	2186.9	7863.8	445	0.20	145.4	-22332.6
	乌干达	3063.8	1971	550	0.18	263.1	-13930
	埃塞俄比亚	7864.6	10000	1403.8	0.18	1184.6	-24046.7
	马里	1240.9	12201.9	485	0.39	388.6	-8564.3
	马达加斯加	1860.4	5815.4	295	0.16	410.9	-10005
	坦桑尼亚	4127.6	8858	900	0.22	622.3	-15432.2
	加纳	2287.1	2275.4	410	0.18	185.2	-28747.6
	赞比亚	1231.4	7433.9	526	0.43	153.7	-73.3

数据来源：总人口、土地面积、耕地面积、谷物产量均来自 FAOSTAT 数据库（http://faostat.fao.org）《联合国粮农组织 2009 年粮食及农业统计年鉴》，人均耕地面积、谷物净出口额为笔者计算。

据 Land Matrix（土地矩阵）的相关统计数据，2000—2018 年，全球共签订土地投资合作协议 2560 项，涉及土地总面积为 10384.74 万公顷，平均合约执行率为 15.93%。2000—2018 年全球耕地投资区域分布详见表 2-10。所有东道国中秘鲁（合同规模 1621.48 万公顷）、俄罗斯（合同规模 1024.40 万公顷）、刚果（合同规模 751.96 万公顷）三国接受土地合同规模居于前三名；利比里亚、加纳、南苏丹三国的合约执行率排名前三名。2000—2018 年接受投资前二十名东道国情况详见表 2-11。

表 2-10　2000—2018 年全球耕地投资区域分布

投资者地区	合同规模（万公顷）	数量（个）	合约执行率（%）	投资排名
亚洲	3681.28	896	15.1	1
欧洲	3046.17	761	16.6	2
北美洲	2008.85	428	13.9	3
非洲	743.71	262	19.3	4

续表

投资者地区	合同规模（万公顷）	数量（个）	合约执行率（%）	投资排名
拉丁美洲和加勒比海	713.32	160	15	5
大洋洲	191.41	53	15.7	6
合计	10384.74	2560	15.93	

表 2-11　2000—2018 年接受耕地投资前二十名东道国

排名	东道国	合同规模（万公顷）	数量（个）	合约执行率（%）	排名	东道国	合同规模（万公顷）	数量（个）	合约执行率（%）
1	秘鲁	1621.48	85	13.4	11	利比里亚	141.14	19	23
2	俄罗斯	1024.40	97	17.9	12	中非共和国	137.97	7	11.8
3	刚果	751.96	53	18	13	喀麦隆	137.93	25	18.2
4	巴西	490.15	118	12.3	14	圭亚那	137.64	7	15.9
5	巴布亚新几内亚	376.73	38	12.3	15	马达加斯加	130.91	20	18.8
6	乌克兰	351.02	234	14.3	16	加纳	107.84	46	21.7
7	印度尼西亚	341.44	128	11.4	17	加蓬	104.17	11	19.5
8	莫桑比克	255.61	103	17.1	18	缅甸	101.28	32	12.1
9	阿根廷	255.40	77	12	19	乌拉圭	97.03	52	13.7
10	南苏丹	209.05	8	20.1	20	巴拉圭	96.96	17	12.1

（一）非洲国家

2008 年非洲大陆有灌溉潜力的土地面积达到 4250 万公顷以上，但有效灌溉面积仅为 1344 万公顷，占农作物种植面积的 6.4%。东非地区拥有可耕地资源 6640 万公顷，草场面积达 2.64 亿公顷，其中坦桑尼亚、肯尼亚、乌干达、莫桑比克等国家农业资源丰富。[①] 撒哈拉以南非洲有未开垦的土地约 20200 万公顷，非洲大陆尚缺乏开发这些未利用土地的能力，以减少贫困和推动增长、就业与共同繁荣。

非洲是全球粮食净进口国，45% 的小麦和 80% 的水稻都依赖进口，[②]

① 贾盼娜，刘爱民，成升魁，强文丽，吴良，李鹏．中国农产品贸易格局变化及海外农业资源利用对策［J］．自然资源学报，2019，34（7）：1357-1364.

② 李淑芹，石金贵．全球粮食危机与非洲农业发展［J］．世界农业，2008（10）：1-2.

许多国家粮食自给率在50%以下。截至2008年，非洲已经有59个国家制定了全面减贫计划，有11个国家完成了初步的减贫目标。在次区域和区域层面，西非国家经济共同体（ECOWAS）出台了三项与投资规则和执行方式有关的法律，南非关税同盟（SACU）和东非共同体（EAC）均与美国缔结了协定。[①] 联合国非洲经济委员会发表的《2009年非洲经济报告》指出，“农业对于非洲发展、工业化、粮食安全以及持续性减贫起着重要作用，加速实施农业现代化是解决非洲农业乃至经济发展的关键。”《2010年世界投资报告》指出，非洲高于全球平均水平的经济增速、相对稳定的政局、更为透明的外国投资机制、较少的政府干预和相关优惠政策，都成为吸引投资者的原因。非洲发展伙伴计划推出了一个综合性“非洲农业发展方案”，旨在2015年之前使农业产出每年增长6%。

非洲各国纷纷把农业主导的经济发展作为实现千年减贫目标的主要策略，出台措施为粮食短缺人群提供紧急救助：通过使用肥料、改良种子等方法增加产量；加大修建道路、建设市场和灌溉系统等基础设施和服务投资；支持小额贷款，建立和完善金融信息制度和保障计划，实现农业稳定发展。

为吸引外资进入农业领域，许多非洲国家相继制定优惠的土地租赁制度，实行了农业税收、进口农机具税收的减免或退税等政策。例如：几内亚比绍政府为引进外资，成立了私营投资促进总局，采取措施把全国土地收归国有，合理开发和使用国土资源，鼓励外资投向农业，给予土地使用者优惠、减免税赋、农机具和其他生产资料的进口免除关税等优惠条件。[②]

2013年，世界银行发布的《保障非洲土地权属促进共同繁荣》指出，如果在未来十年能够实现土地所有权和土地管理的治理程序现代化，非洲国家及其社区就有可能有效地结束“土地掠夺”，大幅增加粮食种植，改变自身的发展前景。

---

① 国际经济合作编辑部．跨国公司、农业生产和发展——解读《2009年世界投资报告》[J]．国际经济合作，2009（9）：6-11.

② 在几内亚比绍开展农渔业投资合作的可行性调研［EB/OL］．非洲商务网．http：//www.africa.gov.cn/about.asp，2007-11-14.

1. 赞比亚

根据法律，赞比亚所有土地均为租用形式，一次租用年限为 99 年并可续租 99 年，承租方可在租赁期结束前转租他人。[①] 赞比亚政府通过“农业区发展计划（FBD）”把普通土地转化为法定土地，投资补充性基础设施建设来吸引投资者，开发大面积的农业地区。据 Land Matrix（土地矩阵）的相关统计数据，2000—2018 年，赞比亚共签订 34 个投资协议，合同面积为 39.01 万公顷，占该国可用耕地总面积的 1.6%。投资国中印度居榜首，合约土地面积 73.10 万公顷；中国合约面积为 30.34 万公顷，位居第二；十大投资国在赞比亚完成交易情况详见表 2-12。

表 2-12　十大投资国在赞比亚完成交易情况

排名	投资国	合同规模（万公顷）	数量（个）	排名	投资国	合同规模（万公顷）	数量（个）
1	印度	73.10	2	6	英国	3.12	4
2	中国	30.34	2	7	匈牙利	1.75	1
3	南非	27.19	7	8	新加坡	0.59	1
4	德国	6.27	2	9	美国	0.50	1
5	津巴布韦	4.57	4	10	丹麦	0.30	1

2. 坦桑尼亚

据 Land Matrix（土地矩阵）的相关统计数据，2000—2018 年，坦桑尼亚共接受了来自 17 个国家的 32 名投资者的土地投资，合同面积为 26.68 万公顷，占该国可耕地总面积的 0.67%，绝大多数已达成的交易土地租赁期为 15~99 年。美国投资土地面积为 7.77 万公顷，居榜首；中国仅投资 1 项，土地面积为 0.03 万公顷；全部投资国在坦桑尼亚已完成交易情况详见表 2-13。

① 赞比亚投资法及鼓励政策［EB/OL］. http://www.africa.gov.cn/about.asp，2007-11-14.

表 2-13　全部投资国在坦桑尼亚已完成交易情况

排名	投资国	合同规模（万公顷）	数量（个）	排名	投资国	合同规模（万公顷）	数量（个）
1	美国	7.77	4	10	挪威	1.19	3
2	英国	3.54	10	11	土耳其	0.50	1
3	荷兰	3.50	2	12	比利时	0.43	1
4	芬兰	2.81	1	13	爱尔兰	0.32	2
5	新加坡	2.60	4	14	尼日利亚	0.26	1
6	瑞典	2.23	1	15	意大利	0.05	1
7	印度	1.81	2	16	中国	0.03	1
8	毛里求斯	1.58	1	17	瑞士	0.03	1
9	肯尼亚	1.45	1				

3. 塞拉利昂

据 Land Matrix（土地矩阵）的相关统计数据，2000—2018 年，塞拉利昂共接受了来自 16 个投资国家的 24 名投资者的土地投资，合同面积 77.40 万公顷，占该国总耕地面积的 1.43%。投资国中英国居榜首，投资面积为 18.74 万公顷；中国投资土地面积为 0.73 万公顷；投资国在塞拉利昂已完成交易情况详见表 2-14。

表 2-14　投资国在塞拉利昂已完成交易情况

排名	投资国	合同规模（万公顷）	数量（个）	排名	投资国	合同规模（万公顷）	数量（个）
1	英国	18.74	6	9	阿联酋	2.10	1
2	葡萄牙	12.60	1	10	卢森堡	1.78	1
3	美国	11.91	1	11	中国	0.73	4
4	印度	8.09	2	12	尼日利亚	0.10	1
5	新加坡	8.00	1	13	毛里求斯	0.08	1
6	加拿大	4.63	1	14	芬兰	0.08	1
7	瑞士	4.40	1	15	越南	0.01	1
8	荷兰	4.14	2	16	德国	0.01	1

4. 塞内加尔

据 Land Matrix（土地矩阵）的相关统计数据，2000—2018 年，塞内加尔共与12个投资国家的19名投资者签订了土地投资协议，合同面积27.09万公顷，占该国总耕地面积的3%。在达成的交易中，绝大多数租期为10~99年的租赁土地。投资国中罗马尼亚居榜首，投资面积为10.00万公顷；中国尚未有投资；投资国在塞内加尔已完成交易情况详见表2-15。

表2-15　投资国在塞内加尔已完成交易情况

排名	投资国	合同规模（万公顷）	数量（个）	排名	投资国	合同规模（万公顷）	数量（个）
1	罗马尼亚	10.00	1	7	尼日利亚	0.80	1
2	意大利	6.83	4	8	印度	0.57	1
3	挪威	3.00	1	9	比利时	0.50	1
4	沙特阿拉伯	2.00	1	10	利比亚	0.32	1
5	法国	1.65	5	11	荷兰	0.30	1
6	喀麦隆	1.10	1	12	英国	0.03	1

（二）亚洲国家

1. 菲律宾

据Land Matrix（土地矩阵）的相关统计数据，2000—2018年，共来自14个投资国家的投资者在菲律宾进行了土地投资，成交面积12.72万公顷，占全国耕地面积的2%左右。投资国中以亚洲国家为主，欧洲国家位居第二；中国共有7个项目投资；投资国在菲律宾已完成交易情况详见表2-16。

表2-16　投资国在菲律宾已完成交易情况

排名	投资国	数量（个）	排名	投资国	数量（个）	排名	投资国	数量（个）
1	卡塔尔	1	6	沙特阿拉伯	3	11	泰国	1
2	韩国	7	7	西班牙	2	12	马来西亚	1
3	中国	7	8	美国	2	13	阿联酋	1
4	英国	6	9	荷兰	1	14	澳大利亚	1
5	日本	3	10	巴林	1			

2. 印度尼西亚

据Land Matrix（土地矩阵）的相关统计数据，2000—2018年，印度尼西亚共接受了来自 13 个投资国家的 24 名投资者的土地投资，其中 64%的投资者来自亚洲，36%来自欧洲和北美洲。投资国中马来西亚投资最多，投资土地面积为 129.70 万公顷；中国投资 14 项，投资土地面积为 62.55 万公顷，位居第三；主要投资国在印度尼西亚已完成交易情况详见表 2-17。

表 2-17 主要投资国在印度尼西亚已完成交易情况

排名	投资国	合同规模（万公顷）	数量（个）	排名	投资国	合同规模（万公顷）	数量（个）
1	马来西亚	129.70	58	6	韩国	17.14	9
2	新加坡	75.07	11	7	斯里兰卡	12.87	11
3	中国	62.55	14	8	印度	5.58	1
4	英国	19.90	1	9	比利时	5.02	8
5	爱尔兰	19.66	19	10	美国	3.10	2

3. 柬埔寨

据 Land Matrix（土地矩阵）的相关统计数据，2001—2011 年柬埔寨达成土地交易数量一直稳步增长，2012 年，因政府颁布了将租用土地的面积限制在 1 万公顷以内的土地特许政策，交易数量有所下降。2000—2018 年，柬埔寨共接受来自 15 个国家的投资，土地投资总面积 67.72 万公顷。投资国中越南位居榜首，投资面积为 23.45 万公顷；中国投资 29 项，投资土地面积为 22.77 万公顷，位居第二；投资国在柬埔寨已完成交易情况详见表 2-18。

表 2-18 投资国在柬埔寨已完成交易情况

排名	投资国	合同规模（万公顷）	数量（个）	排名	投资国	合同规模（万公顷）	数量（个）
1	越南	23.45	39	9	丹麦	0.98	2
2	中国	22.77	29	10	印度	0.76	1
3	马来西亚	8.16	10	11	卢森堡	0.70	1
4	泰国	5.45	8	12	加拿大	0.50	3
5	韩国	5.34	7	13	澳大利亚	0.26	2
6	新加坡	3.63	4	14	荷兰	0.26	1
7	美国	2.38	3	15	法国	0.05	2
8	斯里兰卡	1.19	2				

（三）拉丁美洲和加勒比海地区

2007年，非洲和南美洲可耕地面积分别为7.71亿公顷和10.28亿公顷，实际耕作面积分别为2.11亿公顷和1.43亿公顷，占可耕地总面积比例分别为27.3%和13.9%，远远低于亚太地区。[①] 部分南美洲国家政府（如巴西、阿根廷、乌拉圭、巴拉圭等）为实现促进本国工业的现代化、开发国土自然资源、解决国内就业问题、增加财政收入等目标，积极鼓励外国企业进行投资，给予外国投资者国民待遇及税收优惠。

1. 巴西

巴西领土面积8.547亿公顷，水资源约占世界总量的14%，有可耕地面积2.8亿公顷，占国土面积的19.74%，其中约五分之四的土地未耕种。巴西1.86亿总人口中农业人口仅有11%。巴西已经是全球第一大咖啡和糖出口国、第二大豆种植国和第三大玉米出口国。随着全球粮食需求日益增加，粮食短缺的形势加剧，政府鼓励外资从事土地开发，提升农业部门的潜能，提高粮食产量。政府对牛奶、小麦和豆类的交易提供财政支持。

2011年，巴西颁布了限制外国政府、国有企业及投机商在巴西购买农业用地的法令，将单一外国人或者外国公司购买土地的数量限定为不超过0.5万公顷。由外国人或外国公司控制的土地规模不得超过所在市镇土地总面积的25%且必须每个季度将所拥有的土地数量向当地政府申报。

2. 阿根廷

阿根廷国土面积为2780万公顷，世界排名第八，是粮食生产和水资源丰富的大国之一。阿根廷拥有可耕地面积3920万公顷，草场面积1.08亿公顷，投资者在阿根廷投资办农场可以购买永久使用权土地，购买后的土地可以随意买卖，具有继承权。2007年已有10%的国土约2万公顷土地掌握在外国投资者手中，[②] 外国投资阿根廷土地盛行，阿根廷土地外国化的

---

① 李秀峰，徐晓刚，刘利亚．南美洲和非洲的农业资源及其开发［J］．中国农业科技导报，2008，10（2）：56-66.

② 南美洲（阿根廷）农业开发项目招商合作简介［EB/OL］．http：//www.tsln.heagr.igov.cn/default3.as-px？id=61，2007-11-14.

势头日益加剧。为了避免土地日益集中和外国化，2011 年，阿根廷国会通过了限制外国人和外国企业购买阿根廷国有土地的议案，外国人在阿根廷购买的土地不能超过全国农业用地总面积的 20%。不同地区比例有所不同，在边境地区和存在领土争议的地区及附近区域，限制将更加严格。

据 Land Matrix（土地矩阵）的相关统计数据，2000—2018 年，共有 16 个投资国在阿根廷投资了 47 宗土地，投资土地总面积 182.60 万公顷，约占全国总耕地面积的 1%，其中 51%的交易涉及粮食作物。投资国中美国位居榜首，投资土地面积为 59.13 万公顷；中国投资 4 项，投资土地面积为 2.21 万公顷；投资国在阿根廷已完成交易情况详见表 2-19。

表 2-19　投资国在阿根廷已完成交易情况

排名	投资国	合同规模（万公顷）	数量（个）	排名	投资国	合同规模（万公顷）	数量（个）
1	美国	59.13	25	9	英国	2.81	4
2	马来西亚	46.80	1	10	中国	2.21	4
3	沙特阿拉伯	23.53	3	11	比利时	2.19	1
4	卡塔尔	19.81	12	12	乌拉圭	1.45	1
5	西班牙	9.17	2	13	荷兰	1.19	5
6	新加坡	4.70	2	14	日本	1.10	1
7	卢森堡	3.62	4	15	百慕大	0.91	3
8	法国	3.09	3	16	瑞士	0.91	3

二、主要投资国

对国际非政府组织 GRAIN① 及各类媒体报道的海外耕地投资项目进行统计分析，海外耕地投资类型可归纳为进攻型投资、防御型投资、扩张型投资三大类：（1）以日本、韩国及海湾国家为代表的富裕国家，出于对国内土地资源匮乏压力及对全球市场的不信任，为了保障国内粮食安全的进攻型投资。（2）以中国、印度为代表的新兴发展中国家，出于缓解国内人

① GRAIN, Oct. 24th 2008, "The Annex to 'Seized: The 2008 Land Grab for Food and Financial Security'", Accessed on May 20th, 2009, [EB/OL] http://www.grain.org/.

口增长、耕地减少压力，保障长期粮食与经济安全的防御型投资。中国、印度两国属世界人口大国，两国粮食需求占全球粮食总需求的30%以上。众多西方媒体将过去10年粮食价格的不断上涨，归咎于中国和印度等新兴市场国家的旺盛需求。目前，两国基本能够实现粮食自给，但随着工业化、城市化的迅速发展，大量耕地因道路、住宅或其他设施建设而被占用，国内粮食安全存在多重危机。（3）以农业跨国公司、国际投资集团为主体国际投资商，出于获取高额利润的扩张型投资。

据Land Matrix（土地矩阵）的相关统计数据，2000—2018年，投资国中投资土地面积排名前三的国家为美国、加拿大与中国。美国位居榜首，投资242项，土地合同面积1023.30万公顷；加拿大投资242项，土地合同面积987.42万公顷，位居第二名；中国投资230项，投资面积961.42万公顷。2000—2018年前二十名耕地投资国数据详见表2-20。

表2-20　2000—2018年前二十名耕地投资国

排名	投资国	合同规模（万公顷）	数量（个）	合约执行率（%）	排名	投资国	合同规模（万公顷）	数量（个）	合约执行率（%）
1	美国	1023.30	242	14.0	11	印度	290.46	73	16.9
2	加拿大	987.42	187	13.8	12	阿根廷	278.17	40	11.8
3	中国	961.42	230	16.0	13	韩国	244.46	40	13.8
4	瑞士	685.77	88	19.5	14	巴西	251.57	52	14.5
5	俄罗斯	678.19	54	20.4	15	阿联酋	236.95	36	15.7
6	西班牙	628.84	22	15	16	荷兰	236.48	85	16.4
7	马来西亚	427.59	116	13.4	17	塞浦路斯	179.71	65	15.1
8	爱尔兰	373.74	182	16.6	18	意大利	172.62	37	17.5
9	新加坡	361.97	78	16.1	19	法国	165.39	50	16.6
10	日本	359.65	46	15.2	20	黎巴嫩	118.18	13	17.9

（一）美国

美国一直是世界上最主要的粮食出口国之一，因受移民政策限制美国农业劳动力不足，面对国际粮价及大宗原材料价格的上涨，美国加大了对土地肥沃、廉价劳动力充足的国家的农业资源的开发力度。2007年，美国企业雇用了 1.1 万人在墨西哥的三个省种植了超过 1.7 万公顷农田；[①] 2008 年，摩根士丹利公司参与美国财政部救市，用金融危机救援资金在乌克兰购买了 4 万公顷农田；2009 年 1 月，纽约投资公司获得了苏丹 40 万公顷土地租用权。截至 2017 年 6 月底，美国在全球投资耕地总面积高达 1533.19 万公顷，其中在非洲 18 个国家的投资面积为 864.59 万公顷。[②] 截至 2018 年，美国在海外共签约土地投资项目 242 个，土地合同面积 1023.30 万公顷。

在美国对外农业发展过程中，政府的农业保护政策、产品期货市场及订单农业起到了至关重要的作用。（1）立法支持方面：美国政府制定了《经济合作法》《对外援助法》《共同安全法》等法律，不断扩大本国对外投资的安全和利益。（2）外交支持与保护方面：美国政府主要通过与其他国家签订双边或多边条约及通过外交途径向东道国机构及企业施压，帮助美国投资者解决在海外投资过程中遇到的难题。[③]（3）税收政策方面：20 世纪初美国政府就开始对私人对外直接投资实行分类的综合限额税收抵免、延迟纳税、在税收协定中不列入税收饶让条款、经营性亏损结转及关税优惠等优惠政策。（4）金融扶持政策方面：美国进出口银行、美国贸易发展署、美国中小企业局等向美国企业提供融资及对货币不可兑换风险、财产被没收风险和政治动乱风险担保服务。（5）信息服务方面：通过驻外使领馆所设的经济、商业情报中心，联合国开发计划署以及海外私人投资公司等机构为投资者提供各种经济技术情报，提高投资的经济效率。

（二）中国

据国际粮农组织（FAO）统计数据，2007 年中国总人口 133655.1 万人，耕地总面积为 14063 万公顷，世界排名第三，人均耕地面积 0.11 公顷，仅为世界平均水平的 47.8%，在世界上排名第六十多位。

---

① 韩琪．对中国农业对外投资规模状况的分析与思考［J］．国际经济合作，2010（10）：13-17.

② 韩璟，杨莼，柯楠，卢新海．中美对非洲海外耕地投资东道国的选择差异与影响因素分析［J］．中国土地科学，2018，37-43.

③ 黄锦明．美国政府在对外直接投资中的作用及启示［J］．国际经贸探索，2003，19（5）：50-52.

2008年5月9日，英国《金融时报》发表了题为“中国要去海外屯田”的文章，称中国政府将鼓励中国企业在海外（特别是非洲和南美洲）购买农田，以保障粮食安全，并把支持国内农业企业在海外收购土地列为一项国策。日本《经济学家》杂志（2009年3月31日）发表评论称：“中国已获得菲律宾及老挝210万公顷耕地，中国为生产棕榈油向刚果购买了280公顷土地，还与赞比亚洽谈200公顷土地。”西方媒体将中国与韩国、沙特阿拉伯、阿联酋和日本并列为截至2008年年底在海外土地收购方面最引人注目的五个国家之一。据GRAIN统计，截至2011年底，中国企业已在非洲投资18个项目，占中国海外耕地投资项目总数的50%，投资面积超过40万公顷。据Land Matrix（土地矩阵）的相关统计数据，2008—2015年中国海外耕地投资合同面积和交易数均呈现增长趋势，2015年以后增速放缓。截至2018年，中国企业已在亚洲、欧洲、非洲、北美洲和南美洲等40个国家签订土地投资合作协议230项，涉及土地总面积为961.42万公顷，世界排名第三。

（三）日本

据国际粮农组织（FAO）统计数据，2007年日本总人口12739.6万人，耕地总面积为432.6万公顷，人均耕地面积仅为0.03公顷，低于联合国粮农组织0.05公顷/人的警戒线。日本属于人多地少的岛国，农业自然资源短缺，农业经营规模偏小、农户减少、农业人口高龄化、农地逐年减少、饮食结构的变化等多种因素影响，日本国内粮食消费60%以上依靠进口。① 为保证国内农产品供给，日本政府把80%的可耕地划定为禁止非农化的农业区域，充分利用国外的土地、人力等生产资源建立起了国内农业和海外农业两个互补体系。

19世纪末期，日本开始海外农业开发，主要目的是通过海外农业开发项目输出国内大量人口并为本国市场提供农产品。1899年，日本开始到秘鲁进行海外耕地投资；1908年，日本政府及企业先后在巴西、哥伦比亚、

① 日本农林水产省的统计数据［EB/OL］. http：//www.maff.go.jp/toukei/abstract/2_5/76.htm.

巴拉圭展开了“农业殖民”活动，并成立了拉美殖民活动专门协调机构。20 世纪 40 年代起，日本在东南亚建立了农场，80 年代将垦荒范围延伸至中国等地。

非政府组织 GRAIN 在 2008 年公布的一份报告显示，2006—2008 年间，日本食品企业已在巴西、非洲和中亚等地租用和购买了大量农田。日本成为巴西农业的最大合作者，在巴西的 150 万日本移民中至少有 30 万人从事农业，他们在巴西各地开设大型农牧公司，生产的大豆、鸡蛋、蔬菜、蚕丝等 11 种主要农副产品的产量占巴西整个产量的一半以上。2019 年 2 月 4 日，日本公司三井公司与石原产业株式会社（ISK）分别收购巴西 Ourofino Agrociência 植保公司 20%与 5%的股份，三方达成合作伙伴关系，以通过植保、研发、贸易来促进巴西农业发展。[①] 除了巴西外，日本与阿根廷、俄罗斯、乌克兰、中国、印度尼西亚、新西兰、美国等地的农场也有种植合作。据 Land Matrix（土地矩阵）的相关统计数据，2000—2018 年日本海外耕地投资项目 46 项，投资土地面积 359. 65 万公顷，全球排名第十。

日本政府从直接金融支持、财政优惠、投资保险、信息与技术援助等方面支持企业跨国经营，形成了由私人金融机构、贸易公司、政府与政府组织、日本银行国际部、当地政府的部门组成的企业境外投资支持体系。[②]（1）税收政策方面：1960 年建立海外投资亏损准备金；1962 年起推行外国税额抵免制度，采取综合限额抵免法，允许分层间接抵免、超限额延期抵免。（2）人才培训方面：成立“海外职业训练协会”、设立“海外技术者研修资金”向企业对其海外员工进行培训提供资金补助。（3）海外投资保险方面：1956 年，日本政府制定了“海外投资保险制度”，海外投资保险期为 15~20 年，主要承保收益、经营以及财产使用和所有权被剥夺险、战争险、不可抗力险，年保险费率约为 0. 55%~1%，由保险人承担补偿损

---

① 日本三井和 ISK 公司投资巴西农业，发布日期：2019-07-22；发布单位：农业农村部对外经济合作中心。

② 陈道富．发展中国家对外直接投资的经验教训借鉴［J］．重庆工学院学报（社会科学版），2009，23（3）：58-60.

失的 90%，被保险人承担损失的 10%。[①]

（四）印度

据国际粮农组织（FAO）统计数据，2007 年印度总人口 116467 万人，耕地总面积为 15865 万公顷，世界排名第二、亚洲排名第一，但作为世界第二人口大国，其人均耕地面积为 0.14 公顷，仅为世界平均水平的 60.9%。

1950—1983 年 32 年期间，印度农田灌溉总面积由 2260 万公顷增加到 5854.6 万公顷，净增加 3594.6 万公顷，为同期印度粮食总产量由 607.9 亿千克提高到 1515.4 亿千克做出了突出贡献。[②] 根据世界经济论坛《2009 年水务报告》数据，到 2030 年，印度的能源和食品生产对水的需求将有 40%无法得到满足。印度的食用油进口一直处于增长态势，2008 年 11 月到 2009 年 9 月期间，印度植物油进口量比上年同期增长了 47%，达到了 790 万吨，印度炼油协会希望政府修改印度国家进出口银行的管理规定，同时提供利率优惠，支持协会购买海外耕地。[③] 据印度《经济时报》（2008 年 9 月 3 日）报道，印度政府准备修订限制海外投资条款，以便于印度公共部门与私营公司到海外收购耕地、将种植的粮食装船运回印度。据 Land Matrix（土地矩阵）的相关统计数据，2000—2018 年，印度海外耕地投资项目 73 项，投资土地面积 290.46 万公顷，全球排名第十一。

（五）韩国

据国际粮农组织（FAO）统计数据，2007 年韩国总人口 4796.2 万人，耕地总面积为 159.7 万公顷，人均耕地面积仅为 0.03 公顷，低于联合国粮农组织 0.05 公顷/人的警戒线。韩国农业面临着农民负担过重、农业人口老龄化、女性化、农业生产成本上涨过快、大量农田转为工业用地等困难，国内 95%以上的非稻米类谷物依靠进口。韩国成为世界第五大粮食进

---

① 张志元．比较与借鉴：海外投资保险制度研究［J］．世界经济与政治，1998（6）：54-57.

② 国家农业综合开发办公室．中国农业综合开发［M］．北京：中国财政经济出版社，2003.

③ 印度炼油协会希望政府帮助采购海外耕地［EB/OL］．http：//www.chinabidding.com/jksb-detail-180351326.html.

口国，粮食安全问题一直困扰着韩国政府。近年来，韩元持续升值，韩国政府鼓励企业向海外寻求发展农业途径，扩大对海外农业领域的投资。

1962 年，韩国政府制定了《海外移驻法》鼓励海外农田开发，[①] 期间有成功的经验也有失败的教训。截至 2007 年年底，相继有 29 家韩国公司赴俄罗斯（12 家）、蒙古（3 家）、中国（4 家）、中亚（1 家）、东南亚（8 家）、澳大利亚（1 家）垦田，境外投资 30 万公顷农田，相当于韩国耕地的六分之一。[②] 2008 年 4 月，韩国发出“建立海外粮食基地”的号召，成立了海外农业开发协力团，宣布了促进以私营部门为主体收购国外耕地的国家计划，2009 年 4 月初，韩国政府宣布给予海外购买（租用）农田的私营企业资金和技术支持。2007 年至 2009 年上半年，韩国海外实际投资的耕地数量达 90.6 万公顷。

据 Land Matrix（土地矩阵）的相关统计数据，2000—2018 年，韩国已在澳大利亚、巴布亚新几内亚、阿根廷、巴西、秘鲁、柬埔寨、菲律宾、印度尼西亚、俄罗斯、坦桑尼亚、苏丹共 11 个国家进行了 40 个海外耕地项目投资，投资土地面积 244.46 万公顷，全球排名第十三。

韩国政府从海外屯田的产业规制、设立农业海外财政开发基金、设立农业海外开发专门机构、颁布海外农业开发指南、开展国际农业屯田联盟、借助对外农业援助拓宽海外垦田渠道等措施来促进海外农业投资。[③] 韩国政府在信息、信贷、保险、税收方面给予境外投资企业支持，并对直接投资的企业资信等级、投资领域等方面进行严格管理。（1）外交方面：设置海外事业调整委员会，解决韩国企业海外投资中存在的问题，审议和调整韩国的海外投资政策。（2）税收优惠政策：延长境外资源开发企业利润自留期限并增加利润自留额度，允许加速折旧，折旧率为 30%。[④] 东道国发生突发事件未能履约时，由保险公司支付 90%损失赔款，

① 马晶．韩企“海外屯田”可获政府支持［N］．新京报，2009-4-26.

② 韩国现代重工计划在俄远东地区租赁 5 万公顷农田［N］．环球时报，2009-04-16.

③ 龙晓柏，洪俊杰．韩国海外农业投资的动因、政策及启示［J］．国际贸易问题，2013（5）：78-86.

④ 门明．韩国对外直接投资政策及其对我国的启示［J］．决策借鉴，1996（2）：12-13.

厂商计提投资总额的15%~20%作为投资损失准备。（3）咨询服务方面：设立了海外投资调查部、海外投资洽谈中心，系统收集有关国家的政治动向、经济政策、法规、外汇管理及税收制度等情况，及时准确地向企业提供信息资料和咨询。（4）企业扶持方面：20世纪80年代，韩国设立了对外合作基金，专门资助韩国投资者在发展中国家从事资源开发和股权投资。2011年起，韩国政府先后成立了海外农业技术开发中心、韩非农产品技术合作体和海外农业开发协会、海外农业开发服务中心等机构，向企业提供投资目标国环境调查、管理政策、技术支持、员工培训及金融等服务支持。[①]

（六）海湾国家[②]

海湾国家虽拥有巨额石油和金钱，却缺乏用来种植农作物或饲养牲畜的土地和水源，其食物供应完全依赖于国外。自2004年以来石油价格飙升，海湾国家积累了大量资本。2007—2008年，当世界市场粮价大幅上涨而美元加速贬值之际，海湾各国粮食进口费用急剧膨胀，特别是当粮食危机爆发时，来自亚洲的稻米供应被切断，海湾各国领导人迅速携手寻找海外耕地投资机会。他们试图通过提供资本和石油合同保证等方式，直接拥有或控制外国农田进行生产，并将生产的粮食运回国内以节省20%~25%的粮食进口费用。2009年，海湾阿拉伯国家合作委员会（GCC）设立了10亿美元的基金，计划购买或租用耕地。[③]海湾各国在老挝、印度尼西亚、菲律宾、越南、柬埔寨、巴基斯坦、泰国、缅甸等东南亚国家以及中亚和欧洲的乌克兰、哈萨克斯坦、格鲁吉亚、俄罗斯和土耳其都已达成或正在磋商租地、购地协议。

据国际粮农组织（FAO）统计数据，2007年沙特阿拉伯总人口2468万人，耕地总面积为340万公顷，人均耕地面积仅为0.14公顷，2007年谷物净进口总额为324559万美元。1974年开始，沙特阿拉伯通过开采地

---

① 韩璟，卢新海．粮食安全视角下的中国海外耕地投资保障体系研究［J］．中国软科学，2017（2）：17-28.

② 海湾国家指海湾合作委员会各国（沙特阿拉伯、科威特、阿联酋、阿曼、卡塔尔、巴林）。

③ 三石诚司，南敦子．世界耕地争夺战［N］．日本经济学人周刊，2009-3-31.

下水灌溉沙漠实现了小麦年产250万吨，国内粮食实现100%自给，但地下水的开采耗资近50亿美元/年，且到21世纪中叶该国地下水资源面临枯竭。2008年，沙特政府宣布以每年12.5%的速度削减对小麦生产者的补贴，直到2016年实现小麦的全部进口。沙特政府设立了53亿美元的“沙特农业海外投资基金”，支持沙特民间企业到国外投资耕地。2011年，沙特宣布确定了27个海外屯田的目标国。

据不完全统计，2008年海湾国家的对外投资耕地已达1190万公顷；2009年，沙特在印度尼西亚和苏丹分别获取了160万公顷和1.01万公顷的耕地。据Land Matrix（土地矩阵）的相关统计数据，2000—2018年，阿联酋海外耕地投资项目36项，投资土地面积236.95万公顷，全球排名第十五。

三、跨国耕地投资合作模式

跨国耕地投资双方合作模式分为产权安排（控制土地在内的所有资产与控制不包括土地在内的所有资产）与非产权安排（许可证贸易、特许经营权、租赁）两种，耕地购买主要发生于拉丁美洲和东欧国家，租赁方式主要发生于非洲和亚洲国家。①

跨国耕地投资合作形式表现为三种：（1）政府与政府合作模式。投资国政府利用主权财富基金直接出资或通过国有企业投资，作为提供石油、农业基础设施和开发资金的交换，获取专门生产用于向本国出口的农产品的耕地，其目标主要是确保国内粮食安全。海湾国家在亚洲、非洲国家的耕地投资多属此模式；中国以农业援助为依托的耕地投资项目也属此模式。（2）官民合作模式。国家以投资基金出资形式参与的中东产油国的主权投资基金和欧美金融机构在拉丁美洲、欧洲及美国、澳大利亚等主要粮食出口国家的投资。（3）私有企业间合作模式。民间投资者出于对未来粮价上涨预期而追逐利益的合作，如日本、韩国企业的海

① 黄善林，卢新海．当前国际上海外耕地投资状况及其评析［J］．中国土地科学，2010，24（7）：80-85.

外耕地投资多属此模式。

第三节 跨国耕地投资利弊

一、积极作用

世界经济论坛发布的《2020年全球风险报告》指出，由于全球经济分化加剧、增长放缓，宏观经济的脆弱和贫富差距造成的世界经济下行，经济增长有陷入停滞的风险。极端天气事件、减缓和适应气候变化措施的失败、重大自然灾害、生物多样性受损和生态系统崩塌、人为环境破坏五大环境风险成为主要长期风险。呼吁各国尽快协同合作，降低可能加剧的经济政治风险，共同应对气候变化带来的长期挑战。

全球耕地投资实现的前提条件为：全球市场上有可供给的耕地资源与有支付能力的耕地需求。（1）供给方面：某些特定国家存在一定数量的在某一价格下可供出售、出租给他国投资者使用的耕地。影响全球耕地供给的主要因素有：土地价格、税收、土地利用计划与规划、土地开发成本、机会成本、市场预期等。由于耕地位置的固定性、耕地自然供给基本无弹性，世界粮食生产面临难以改善的耕地和水资源约束并受到自然灾害频发的影响，世界粮食产量增长将维持缓慢。科技进步和多边贸易体制未来的可能进展会对粮食增产发挥一定作用，但在农业领域科技进步未取得革命性突破的情况下，其作用有限。[①] 因此，全球耕地供给潜力虽大但弹性有限。（2）需求方面：影响全球耕地需求的主要因素有土地价格、投资者投融资能力、土地投机、全球人口、投资者投资偏好、未来预期等。国际资本对耕地的投资需求更多表现为引致需求，即消费者（投资者）对耕地生产农产品的生理消费及投资需求引致投资者对耕地的需求。

跨国耕地投资能实现耕地供给方与资金供给方的对接，通过土地资源

① 杨晓智. 世界粮食供求格局变化及保障我国粮食安全问题研究［J］. 生产力研究，2010（2）：7-11.

开发，帮助东道国提高资源附加值，将资源优势转化为发展动力。(1) 缓解东道国农业发展资本不足、使东道国获得资本和市场、解决就业加速农业技术普及、灌溉等基础设施建设，增加粮食供应，减少饥饿人口与贫困。(2) 加快了农业国际化进程，促进农业生产、农业国际贸易自由化、农业金融资本、农业企业经营、农业技术等方面国际化，最终实现全球粮食的自由流通、促进全球粮价稳定。(3) 促进全球农业资源的流通与重组。资本、土地、劳动力、农业技术是粮食生产所需的四大要素，跨国耕地投资能以资本为杠杆，利用全球闲置、低效耕地资源与富余的劳动力资源，促进全球耕地资源的开发与再配置。(4) 促进全球粮食安全治理，改善土地治理水平、加强南南合作、缩小南北差距、增加全球粮食供给，促进全球未来粮价稳定，化解全球粮食危机。

二、消极影响

土地不仅具有经济、社会属性，而且是全球性政治问题的焦点。在整个人类历史进程中，获取和控制自然资源（包括土地、水、矿产资源等）的战争一直是国际紧张和武装冲突的根源。土地、粮食（农产品）、石油、美元、汇率、农产品现货和期货市场高度关联，围绕耕地争夺的战争将成为国家之间的“最常规战争”。

2008 年，联合国粮农组织发出警告指出一些国家在获取海外农田方面进行的角逐，存在造就一个“新殖民”体系的风险。《2009 年全球风险报告》指出由于各国试图通过对其他国家的农业用地直接投资的方式来确保自身的粮食供应安全，全球范围可能会面临“抢地（land grabbing）”风险。大规模跨国耕地投资将波及全球政治、经济、环境各个方面，给投资各方及国际社会带来不利影响。需要制定一套国际社会认可的核心原则，通过减少进口关税、非关税壁垒和发达国家的农业补贴，鼓励农业直接投资流入发展中国家。①

① 国际经济合作编辑部．跨国公司、农业生产和发展——解读《2009 年世界投资报告》[J]．国际经济合作，2009 (9)：6-11.

（一）威胁东道国的主权安全，引发国际政治新一轮博弈

国际资本对跨国投资农田的热衷，表明全球粮食危机重塑农业政治格局的最新迹象，富国和富商争夺穷国的耕地，是全球资本主义所带来的新不公正国际政治经济秩序。接受投资东道国在资本积累、技术提高、就业率提高以及产业结构升级的同时将丧失对某些关键行业的控制权。土地集中和土地外国化的势头继续发展，导致了权力和财富在全球范围内新的不公正分配，对东道国的主权构成威胁。随着粮食产量的增加，穷国耕地逐步被外国政府和企业私有化，穷国的贫民将难获得足够粮食，贫国面临更穷风险。受跨国境的特质和影响，大规模的跨国耕地投资必将产生“第二代殖民主义”危险，加剧全球贫富悬殊。

（二）威胁全球农业可持续发展

粮食作为“白金”商品已经成为继主权货币、石油（黑金）等新的泛货币化的价值符号，粮价由供求所决定转为由资本和货币所决定。海外投资者对耕地进行“掠夺式”开采将严重威胁到全球农业可持续发展。（1）扭曲了全球耕地和水资源的经济价值，由于农产品价格普涨导致土地预期收益的上升，增加全球土地和水资源的竞争，导致世界范围内耕地价格上涨，水资源过度开发。（2）破坏了全球小规模和大规模农业生产间的平衡、小规模农户现在和未来生计间的平衡。世界70%贫困人口依靠自给的小农生产方式来维持生活，如果将小农户种植多种作物、饲养家畜的现有耕地和森林改为大面积单一作物栽培耕地，甚至大面积土地开荒，大量使用化肥、农药导致水质恶化等，将加剧地球的资源危机，威胁全球农业可持续生产能力。（3）改变世界农业利润分配格局，传统农业分工由垂直分工向产业分工转变，促使国际农产品加工、销售企业向上游农业生产的垂直整合。跨国农业资本借助其强大的政治力量，运用和滥用其垄断性的市场力量，通过组成非法的价格卡特尔来压低粮食收购价格，推高粮食生产资料价格，在攫取巨额利润的同时使全球粮食安全受到威胁。

（三）激化东道国内部矛盾，引发东道国社会动乱

现有多数耕地投资项目属东道国政府（官员）暗箱操作，缺乏耕地利

益主体及社会公众的参与，投资双方在合同谈判与土地交易中缺乏透明度和制衡机制，土地交易并没有实现公共利益最大化。非洲国家土地治理制度的治理不力和腐败肆虐的问题，损害穷人利益，贫困人民因失去对土地的利用和控制权利而生活陷入窘境，引发经济、制度和伦理道德问题，激发东道国社会冲突。许多大型项目因遭到东道国社区抵抗而破产，土地交易的速度放缓。为了逃避社会的强烈反对，投资者正转向承包农业、经济特区、基础设施走廊等更为分散和微妙的土地投资形式。

例如：2007 年年初吉林省与菲律宾农业部签署了在菲律宾开垦 100 万公顷土地的协议，当年 9 月因菲律宾国内的政治原因而导致暂停协议。2008 年，韩国大宇物流（Daewoo Logistics）在马达加斯加租用为期 99 年的 130 万公顷农田用以种植粮食作物运回首尔。该协议引发了马达加斯加普遍民怨并直接导致了前总统马克·拉瓦卢马纳纳下台。新总统安德里·拉乔利纳上台后，撤销了该协议。2012 年，缅甸内战对中国在缅甸的农业正常生产经营造成了安全威胁。

（四）土地租售合同难以全面履行，投资方风险重重

由于受到国内暴力冲突，不负责的政府及自然灾害等因素，部分东道国虽然农业生产条件很好，但是政局不稳、政策连续性差，潜藏着较高的政府违约风险。耕地投资项目合约周期长（一般为 10 年、20 年、30 年、50 年，最长达 99 年），当海外耕地投资目标与东道国经济发展目标相冲突时，东道国常以保护本地企业、就业、粮食供应为借口，通过政府管制和各种政策、法规，从土地转让、承包、农场经营等条件，税费、利润汇出等方面实施限制，甚至单方面违反（撕毁）土地租售合同、特许协议，收回投资者的开采、利用土地资源的权利，给企业经营活动带来诸多困难和障碍。例如，2011 年 12 月，阿根廷国会通过了外国人购买土地的限购令后，内格罗河省高级法院裁定，2010 年中国北大荒集团与该省政府签署的 20 年租期的 32 万公顷土地租赁协议暂停。

第四节　跨国耕地投资发展规范

一、东道国吸引高质量耕地投资

跨国耕地投资在促进东道国农业发展与国民经济增长，增加全球粮食供给，促进全球未来粮价稳定等方面发挥着积极作用，东道国应该制定行动计划，通过政府机构和政府官员卓有成效的工作吸引高质量的投资。（1）规定土地资源对促进国家经济增长和减少贫困贡献计划，将长期供地计划纳入国家减贫计划、公共支出审查和国家发展规划的框架内，利用投资改善国内就业、基础设施、社区利益、环保等方面现状。（2）对投资方投资目的、商业模式、成本收益分配方案等进行风险评估，建立机制阻止纯投机性的土地收购。（3）加强对国内各类土地权利保障，建立集体土地登记制度，控制供地性质和规模，将土地索赔、补偿制度纳入国有立法。（4）加强投资项目对社会和环境影响评价，确保土地交易行为减少对环境威胁，并促进有关各方利益。（5）推动跨国公司与当地农民之间的合同安排，实现耕地投资对经济、社会发展的贡献最大化。

二、投资国规范负责任投资

投资方在耕地投资中要坚持统筹兼顾，努力实现耕地投资均衡、可持续的发展。（1）评估国家耕地投资计划的优劣，促进对外直接投资流出，兼顾考虑投资当地基础设施、物流基础设施等。（2）透明的谈判，减少政治风险。投资方力求自己的投资目标与东道国的优先发展目标保持一致，明确地方土地交易合同签订与履行程序。土地交易中广泛征得当地林业、农业等相关部门的知情与同意，与当地政府充分磋商，保证项目成功实施。（3）尊重东道国现有的土地权利，谨慎评估投资各项风险及长期合约实现的可行性。（4）开发与合作相结合，通过合同确定农业受益的分成比例，实现与东道国相关利益群体风险共担、利益共享。

三、国际组织提供交易保障

《2009年世界投资报告》中指出外国投资者在农业生产中大规模收购土地，应考虑制定一套国际社会认可的核心原则，通过减少进口关税、非关税壁垒和发达国家的农业补贴，鼓励FDI流入发展中国家。[①]《2010年全球风险报告》指出，在发达经济体失业率上升和消费支出减少，全球面临饥饿的人口创新高的情况下，政府和国际组织需要从长远出发，建立起鼓励农业基础设施投资、促进经济增长和稳定的机制和环境。

联合国粮农组织（FAO）、国际农业发展基金会（IFAD）等国际农业、促进组织应构建国际合作机制，形成全球耕地投资安全保障体系，通过民族国家之间的协议、契约、选择性激励等手段促进全球耕地资源开发。（1）制定土地资源整治开发的准则、指导方针及优惠政策框架，建立全新粮食体系取代由欧美主导的体系，在生产能力、市场准入方面对于新兴种植地区给予应有的援助和扶持。（2）加强国际合作，创造有利的国际环境，协调金融、贸易、援助、环境、知识产权、技术转让等相关领域，反对各种形式的贸易保护主义，削减农业补贴，消除贸易壁垒，建立公平合理、持续稳定的国际农产品贸易秩序。建立集早期预警、紧急救援、宏观调控于一体的粮食安全保障体系，规范耕地交易行为，限制投机炒作，确保投资各方投资利益最大化和投资可持续发展。（3）搭建信息交流平台，健全土地交易（存货、地图、数据库）监测系统。提高耕地投资项目合同签订、实施每个阶段的透明度，解决投资各方在土地收购和农业投资中的信息不对称。（4）公开援助承诺与履行信息，提供土地交易合同谈判的专家咨询及公共利益诉讼等相关法律服务。二十国集团（G20）[②] 除强化发达国家主导的金融监管外，应更多关注发展中国家的粮食、饮用水、健

---

① 国际经济合作编辑部．跨国公司、农业生产和发展——解读《2009年世界投资报告》[J]．国际经济合作，2009（9）：6-11.

② G20，即二十国集团或者廿国集团，由八国集团（美国、日本、德国、法国、英国、意大利、加拿大、俄罗斯）和十一个重要新兴工业国家（中国、阿根廷、澳大利亚、巴西、印度、印度尼西亚、墨西哥、沙特阿拉伯、南非、韩国和土耳其）以及欧盟组成。

康、贫困等基本生存权问题。（5）重视生物燃料产业发展等因素对粮食生产可能带来的影响，经合组织负责制定全球性的生物燃料指南和保障措施，审查和评估相关国家发展生物质能的长期影响，并且制定相应的政策对其进行指导，以此减少对全球粮食安全的不利影响。[①]

海外耕地投资能实现耕地供、需双方的对接，对全球政治、经济具有一定的积极作用，同时也存在消极影响。跨国耕地投资中的风险主要表现在产生“第二代殖民主义”、威胁全球农业可持续发展、引发东道国社会动乱、投资方投资失败等方面。为了控制跨国耕地投资各方风险，国际组织、东道国、投资方都应该采取相应措施，控制耕地投资项目负面影响，推动全球农业可持续发展。

---

① 毕夫．全球粮食安全：瓶颈与破除［J］．国际观察，2010（2）：20-23.

第三章
海外耕地投资企业环境分析

第一节　中国对外农业合作概况

一、中国农业对外投资

中国对外农业合作主要有农业投资、农业贸易和农业援助三种形式。农业企业对外直接投资包括跨国种植、农业合作示范园区、替代种植、品牌投资模式、海外研发投资和友谊农场等形式[145]。

自1992年起，随着经济总量的增长、经济结构调整加速、人民币汇率形成机制以及国家鼓励“走出去”政策的推动，中国对外农业合作保持强劲的发展势头。据统计，截至2007年中国农业对外直接投资净额12亿美元，主要投资于俄罗斯、欧盟、东盟、非洲等国家和地区，投资领域主要包括远洋渔业、农作物种植及农产品加工等。截至2008年年底，仅在非洲投资设立的中国农业企业有72个，中方直接投资额1.34亿美元。

2016年以来，国家相继出台了《国务院办公厅关于促进农业对外合作的若干意见》（国办发〔2016〕29号）、《农业对外合作“十三五”规划》《农业部关于印发农业对外合作“两区”建设方案的通知》（农外发〔2016〕3号）、《农业部关于组织开展境外农业合作示范区和农业对外开放合作试验区建设试点的通知》（农外发〔2016〕4号）、《共同推进“一带一路”建设农业合作的愿景与行动》等文件，推进农业对外合作“引进来”与“走出去”相结合。2017 年 7 月，我国首批认定了塔吉克斯坦—中国农业合作示范园等 10 个境外农业合作示范区，详见表 3-1。合作区的建设为企业走出去搭建起境外、境内两类平台，形成以外带内、以内促外，推动农业对外合作的“双轮驱动”，形成“双向开放”格局。

表 3-1　中国首批试点建设境外农业合作示范区一览表

序号	项目名称	组织实施企业	序号	项目名称	组织实施企业
1	塔吉克斯坦—中国农业合作示范园	新疆利华棉业股份有限公司	6	苏丹—中国农业合作开发区	新纪元农业发展有限公司
2	莫桑比克—中国农业技术示范中心	湖北省联丰海外农业开发有限公司	7	老挝—中国现代农业科技示范园	深圳华大基因科技有限公司
3	坦桑尼亚—江苏新阳嘎农工贸产业园	江苏海企技术工程股份有限公司	8	柬埔寨—中国热带生态农业合作示范区	海南顶益绿洲生态农业有限公司
4	乌干达—中国农业合作产业园	四川友豪恒远农业开发有限公司	9	斐济—中国渔业综合产业园	山东俚岛海洋科技股份有限公司
5	吉尔吉斯斯坦亚洲之星农业合作区	河南贵友实业集团有限公司	10	赞比亚农产品加工合作园区	青岛瑞昌科技产业有限公司

根据《中国对外投资发展报告 2018》《中国农业对外投资合作分析报告（2018 年度）》数据，2017 年，我国新增对外农业投资额 22.5 亿美元，投资存量 173.3 亿美元；共有 717 家境内企业在境外设立了 851 家涉农企业，境外生产农产品 1855.8 万吨，境外营业收入达到 509.6 亿美元；雇用外方人员 13.9 万人，向东道国缴纳税金 4.1 亿美元，为全球减贫事业、粮食安全和农业可持续发展做出了积极贡献。2018 年，我国已与 80 多个“一带一路”沿线国家签署了农渔业合作的文件，在“一带一路”参与国的农产品贸易总额超过了 770 亿美元，开展农业投资合作的项目 657 个，投资存量达到 94.4 亿美元。

我国农业对外投资的特点：（1）投资区域：覆盖了全球六大洲的 100

个国家和地区，其中亚洲与欧洲为投资重点区域。① 亚洲主要投向老挝、泰国、柬埔寨、新加坡、印度尼西亚等国；欧洲主要是俄罗斯。（2）投资主体：以农业产业化龙头企业为引领，国有企业为主导，民营企业和非农企业共同参与的多元投资主体结构。龙头企业设立的境外企业 406 家，投资流量 13.5 亿美元，投资存量 96.8 亿美元。民营企业设立的境外企业 766 家，占企业总数的 90%，是国有企业数量的 9 倍，但其平均投资规模仅为国有企业的 1/8。非农企业设立境外企业 211 家，投资流量 4.6 亿美元，投资存量 53.5 亿美元，平均投资规模为农业企业的 1.4 倍。2017 年中国企业对外农业投资分类数据详见表 3-2。（3）行业结构：以粮食作物和经济作物种植为主，涵盖粮棉油糖胶、畜牧渔业、农资农机 10 多个类别，涉及科技研发、生产、加工、流通、贸易等产业链环节。（4）投资方式：境外设立企业以独资企业为主，占比 59.8%，合资企业占比 29.4%。

表 3-2　2017 年中国企业对外农业投资分类数据表

单位：亿美元

分类标准	企业类型	企业个数	投资流量	投资流量占比	投资存量	投资存量占比
投资区域	亚洲	473	9.5	42.22%	64.6	37.28%
	欧洲	115	7.1	31.55%	58.4	33.70%
企业性质	国有企业	86	4.8	21.33%	83	47.89%
	民营企业	765	17.7	78.67%	90.3	52.11%
主营业务	农业企业	640	17.9	79.60%	119.8	69.13%
	非农企业	211	4.6	20.40%	53.5	30.87%
企业规模	龙头企业	406	13.5	60%	96.8	55.90%
	非龙头企业	445	9	40%	76.5	44.10%
	小计	851	22.5	100%	173.3	100%

数据来源：《中国对外投资发展报告 2018》。

二、对外农业贸易

中国农民数量占全世界的 40%左右，而耕地面积仅 9%，中国的粮食

① 农业农村部国际合作司农业农村部对外经济合作中心．中国农业对外投资合作分析报告（2018 年度）总篇［M］. 北京：中国农业出版社，2-10.

总产量和消费量约占世界的25%，消费量为世界贸易量的2倍。长期以来，中国通过扩大生产、依靠储备、国际贸易三种途径来解决粮食短缺。1978—2017年，我国主要农产品产量居世界的位次逐年上升，2017年我国谷物、肉类、花生、茶叶、水果产量居世界第一，1978—2017年中国主要农产品产量居世界的位次详见表3-3。

表3-3　1978—2017年中国主要农产品产量居世界的位次表

品种	1978年	1980年	1990年	2000年	2005年	2010年	2016年	2017年
谷物	2	1	1	1	1	1	1	1
肉类	3	3	2	1	1	1	1	1
籽棉	2	2	1	1	1	1	1	2
大豆	3	3	3	4	4	4	5	4
花生	2	2	2	1	1	1	1	1
油菜籽	2	2	1	1	1	1	2	2
甘蔗	10	10	4	3	3	3	3	3
茶叶	2	2	2	2	1	1	1	1
水果	6	8	1	1	1	1	1	1

数据来源：《2018世界统计年鉴》。

我国农产品贸易经历了从贸易顺差到贸易逆差常态化、从利用外资到对外投资和利用外资并重的两大转变。2000年以前农产品贸易基本保持顺差，自2004年开始，由顺差转为逆差且逆差不断扩大。农产品贸易逆差从2000年的31亿美元上升到2017年的496.9亿美元，中国成为世界最大农产品进口国，农产品进口额占世界产品贸易额的10%以上，进口市场主要集中在加拿大、美国、澳大利亚等国[146]。以谷物进出口为例，2008年谷物逆差差额为0.26亿美元，2018年达到48.44亿美元，2008—2018年中国谷物进出口额详见表3-4。按照2010—2017年年均粮食进口规模和国内生产率水平计算，农产品进口大约节省了国内200万公顷以上农作物耕种面积[147]。

表 3-4 2008—2018 年中国谷物进出口额

年份	进口额（百万美元）	出口额（百万美元）	进出口差额（百万美元）
2008	698.52	672.74	25.78
2009	876.00	613	263
2010	1501.29	539.44	961.85
2011	2015.94	608.66	1407.28
2012	4750.66	443.11	4307.55
2013	5053.76	513.96	4539.8
2014	6174.89	445.42	5729.47
2015	9347.99	321.81	9026.18
2016	5661.09	429.19	5231.9
2017	6400.88	669.76	5731.12
2018	5793.59	950.07	4843.52

数据来源：《2018 世界统计年鉴》。

国际粮食贸易中发达国家通过高补贴政策、高技术支撑、高资本控制、高市场操纵等手段扩张粮食生产能力，迫使多数非发达国家的粮食生产能力不断下降。（1）垄断全球粮食出口：全球粮食体系新格局的关键特征是粮食生产越来越集中在美国、巴西、欧盟少数区域且产量增长呈减缓趋势，但粮食的需求却呈扩大之势。美国粮食年均出口量占全球份额约35%；美国、巴西、阿根廷大豆总产量超过世界大豆产量的 80%。（2）操纵全球粮价：以美国为首的少数发达国家将粮食作为世界经济战争的“核武器”，操纵了从选种、耕种、面积、产量、收购、储存、运输、定价、加工和销售各个环节的定价权，将操纵粮价作为转移经济危机和打击新兴经济体的最有效手段。①（3）操控世界粮食市场：世界跨国公司 500 强中有 50 多家以农业为主营业务或涉及农业产业领域，特别是 ADM、邦吉、嘉吉和路易达孚四大粮食寡头通过纵向、横向一体化加强对大宗农产品供应链的控制，垄断了全球粮食 80%的交易量；国际粮商凭借其强大的资本、技术、品牌、渠道、市场等优势迫使一些国家的企业转让和放弃本土名牌，流失当地农产品品牌无形资产[148]。

加入 WTO 以来，随着农业市场开放程度的提高、国内国际两个市场

① 陈文胜，王文强．中国粮食安全：有争议的战略问题［N］．中国社会科学报，2010-2-9.

融合程度的加深以及出口能力的增强，大量农产品依靠进口的严峻形势逼迫我们必须实施海外耕地开发，促进粮食制成品与初级产品生产国之间的垂直专业化分工，缓解我国经济增长中资源紧缺的长期矛盾。

三、对外农业援助

对外农业援助一直是中国整体外交中极其重要的组成部分。1996 年，FAO 提出“粮食安全特别计划”旨在通过筹集资金并进行相应管理，由农业发展水平较高的发展中国家向农业发展水平相对较低的发展中国家技术援助，直接指导当地农民进行农业生产，提高东道国的农业发展水平。截至 2017 年，农业农村部已向 19 个国家和地区选派农业外交官，派遣了农业专家和技术员 400 多人赴发展中国家提供技术援助。① 1996—2018 年，我国已组织实施了 23 个南南合作项目，向非洲、亚洲、南太平洋、加勒比海等地区的 28 个国家和地区派遣近 1100 名农业专家和技术员，约占 FAO 南南合作项目派出总人数的 60%。②

中国通过帮助受援国建设农场、农业技术试验站、推广站等项目，围绕品种选育、药肥施用、农机具应用、加工储藏等开展技术合作；启动“中国—东盟科技合作伙伴计划”，推广优良品种、农业机械、栽培管理技术，极大增强了东道国的粮食供给保障能力。③

第二节　中国海外耕地投资现状与问题

一、中国海外耕地投资现状

（一）中国海外耕地投资项目分布

2008 年开始，中国各地就积极探索“政府援外，企业运作”的海外农

① 中国农业外交迈入新时代［N］. 农民日报，2017-12-26.

② 中国：农业南南合作的重要引领者和贡献者，农业农村部新闻办公室，2018-10-30.

③ 致力于走深走实行稳致远——“一带一路”农业合作迈向高质量［N］. 农民日报，2019-04-30.

业合作的方式，部分省份（企业）已开始海外耕地投资的实践探索。据 Land Matrix（土地矩阵）的相关统计数据，2008—2015 年中国海外耕地投资合同面积和交易数均呈现增加趋势，2015 年以后增速放缓。2000—2018 年，中国在亚洲、欧洲、非洲、北美洲和南美洲等 40 个国家开展了土地投资 230 项，土地总面积为 961.42 万公顷，世界排名第三。其中欧洲 61 项，面积 487.93 万公顷，占比 66.08%；亚洲 53 项，面积 156.86 万公顷，占比 21.24%；非洲 37 项，面积 59.32 万公顷，占比 8.03%；拉丁美洲和加勒比海 7 项，面积 22.87 万公顷，占比 3.12%；南美洲 6 项，面积 9.44 万公顷，占比 1.27%；北美洲 2 项，面积 1.76 万公顷，占比 0.23%；大洋洲 1 项，面积 0.20 万公顷，占比 0.03%。已完成谈判、投入生产的项目为 167 项，投资土地面积 738.38 万公顷，其中在俄罗斯、柬埔寨、老挝三国的土地投资面积位居前三名。2000—2018 年中国海外耕地投资分布表详见表3-5；2000—2018 年中国企业海外耕地投资已启动项目明细详见表 3-6。

表 3-5　2000—2018 年中国海外耕地投资分布

地区	项目数量（个）	投资面积（万公顷）	投资面积占比（%）	国家数目	国家明细
欧洲	61	487.93	66.08	5	俄罗斯、乌克兰、保加利亚、罗马尼亚、白俄罗斯
亚洲	53	156.86	21.24	8	柬埔寨、老挝、缅甸、越南、马来西亚、菲律宾、印度尼西亚、塔吉克斯坦
非洲	37	59.32	8.03	17	刚果、厄瓜多尔、埃塞俄比亚、马达加斯加、莫桑比克、乌干达、喀麦隆、赞比亚、塞拉利昂、苏丹、津巴布韦、尼日利亚、贝宁、马里、厄立特里亚、坦桑尼亚、纳米比亚
拉丁美洲和加勒比海	7	22.87	3.12	4	巴西、阿根廷、巴拉圭、圭亚那
南美洲	6	9.44	1.27	3	秘鲁、委内瑞拉、玻利维亚
北美洲	2	1.76	0.23	2	古巴、牙买加
大洋洲	1	0.20	0.03	1	几内亚
合计	167	738.38	100	40	/

表 3-6　2000—2018 年中国企业海外耕地投资已启动项目明细

区域	东道国	合同规模（万公顷）	数量（个）	区域	东道国	合同规模（万公顷）	数量（个）
亚洲	柬埔寨	62.70	15	非洲	刚果	14.34	4
	老挝	38.78	17		厄瓜多尔	10.00	2
	缅甸	31.64	9		埃塞俄比亚	6.75	2
	越南	19.03	7		马达加斯加	5.15	3
	马来西亚	2.50	2		莫桑比克	4.86	5
	菲律宾	1.66	1		乌干达	2.37	2
	印度尼西亚	0.50	1		喀麦隆	2.37	2
	塔吉克斯坦	0.05	1		赞比亚	2.35	2
欧洲	俄罗斯	487.59	57		塞拉利昂	2.00	2
	乌克兰	0.16	1		苏丹	1.80	2
	保加利亚	0.09	1		津巴布韦	2.70	2
	罗马尼亚	0.06	1		尼日利亚	2.40	3
	白俄罗斯	0.03	1		贝宁	0.97	2
北美洲	古巴	1.32	1		马里	0.74	1
	牙买加	0.44	1		厄立特里亚	0.58	1
南美洲	秘鲁	6.00	4		坦桑尼亚	0.48	1
	玻利维亚	1.43	1		纳米比亚	0.20	1
	委内瑞拉	2.01	1	大洋洲	几内亚	0.20	1
拉丁美洲和加勒比海	巴西	3.69	2	合计	40	738.38	167
	阿根廷	18.50	3				
	巴拉圭	0.52	1				
	圭亚那	0.16	1				

数据来源：Land Matrix（土地矩阵）数据库，访问时间 2020 年 1 月 20 日。

（二）中国海外耕地投资代表性企业

中国从事海外耕地投资的主体主要有以农垦系统为主的国有企业、民营企业、个体投资者三大类，代表性企业情况如下：

1. 中国农业发展集团有限公司

2008 年开始，中国农业发展集团有限公司在非洲的赞比亚、坦桑尼亚、几内亚、加蓬、加纳等国投资耕地 1.6 万公顷，兴建了 7 个农场。截至2019年，该集团已在非洲、南美、东南亚、东欧等地区获取大量土地开发权，建成多个海外农业示范基地。以小麦、玉米、大豆、高粱、剑麻、苜蓿草、苏丹草等种植业为主，辅以适当畜禽养殖业、农产品加工业、饲料业、远洋捕捞业和兽药疫苗业等。通过整合国内成熟的技术和模式开拓海外市场，为国内企业搭建政策咨询、投融资和信息服务平台。

2. 中国农垦（集团）总公司

1990年底，中国农垦（集团）总公司在赞比亚建立了中赞友谊农场；1999年以16万美元在赞比亚购买土地2600公顷（可耕地约1500公顷），建立了中垦友谊农场。[①] 中赞友谊农场与中垦农场，实现盈利10年和12年，净资产收益率最高分别达到10%以上。[②] 中国农垦（集团）总公司以海外农业资源开发为主业方向，布局全球五大区域，即以乌克兰为中心的东欧地区，以莫桑比克为中心的非洲地区，以柬埔寨为中心的东南亚地区，以澳大利亚为中心的澳新地区，以巴西、阿根廷为中心的南美地区，通过多样化合作、综合化开发和产业化经营，形成集农业资源开发、农资供应、农产品加工、销售和服务为一体的国际农业资源开发产业链、价值链。

3. 中粮集团有限公司

中粮集团有限公司是全球布局、全产业链、拥有最大市场和发展潜力的农业及粮油食品企业，集贸易、加工、销售、研发于一体的投资控股公司。投资覆盖全球主要粮油产区、销区的粮油设施布局，拥有包括种植、采购、仓储、物流和港口在内的全球生产采购平台和贸易网络，在南美、黑海等全球粮食主产区和亚洲新兴市场间建立起稳定的粮食走廊。

4. 江苏农垦农业发展股份有限公司

1990年11月，中国农垦（集团）总公司和江苏农垦有限公司共同投资31万美元在赞比亚卢萨卡西部17公里创建了占地总面积667公顷的中赞友谊农场。从1991年到1999年，农场累计获利200万美元；2002年，

---

① 韩相山．非洲农业开发大有可为［J］．西亚非洲，2003（1）：62-65.

② 成明．中国农垦集团的非洲牧歌［J］．中国对外贸易，2008（9）：60-62.

中赞友谊农场实现利润40万美元。1998年6月和1999年9月，江苏农垦有限公司相继在赞比亚购买了2000公顷土地的使用权，独资经营喜洋洋农场和中华农场，江苏农垦的一整套机械化生产和规范的管理模式对当地的农业资源开发起到了示范作用。①

5. 广东农垦

2002年起，广东农垦橡胶集团橡胶种植、加工和贸易项目遍布东南亚的泰国、马来西亚、印度尼西亚、柬埔寨、老挝、缅甸、新加坡7个国家，在海外建成一批天然橡胶、蔗糖、粮油、畜牧、乳业、剑麻等重要农产品生产基地，形成了组织化程度高、规模化特征突出、产业体系健全的独特优势。

6. 广西农垦

广西农垦实施“走出去、引进来”发展策略，依托土地优势、产业资源、农业种植和农产品加工方面的技术优势，与40多个国家和地区建立了经贸合作和技术交流关系，在印度尼西亚、越南、缅甸、俄罗斯等国家实施了4个海外项目，累计投入资金约3亿美元，涉及境外经贸合作区、木薯变性淀粉加工、剑麻种植及加工、农产品加工及仓储物流中心等行业领域。

7. 黑龙江北大荒农垦集团总公司

黑龙江北大荒农垦集团总公司积极实施农业“走出去”策略，2019年境外企业已达26家，境外土地开发面积达到20.27万公顷。2017年，黑龙江省对俄罗斯远东地区投资规模比较大的农业园区达到20个，已经逐渐从种植业向养殖业、农产品加工以及物流领域延伸发展。《2020年哈尔滨政府工作报告》提出，黑龙江省将发挥对俄合作排头兵作用，加强对俄农业合作，建设境外农业合作示范区，积极构建以对俄合作为重点的全方位对外开放格局。

① 王勇，杨兴礼．论中国企业向非洲农业投资的增长极战略［J］．重庆邮电学院学报（社会科学版），2004（5）：65-68.

8. 黑龙江省绥芬河市宝国经贸有限责任公司

俄罗斯拥有耕地面积 1.23 亿公顷，黑龙江省绥芬河市宝国经贸有限责任公司采取两个境外独资公司+一个境内粮食保税加工厂的整体运营框架，在俄罗斯滨海边疆区波格拉尼奇与卡缅市内拥有可耕种土地 8870 公顷与 5220 公顷，形成集境外种植、养殖、保税加工于一体的完整产业布局，在推动俄罗斯远东地区农业产业发展的同时有效解决了国内农产品供给问题。

二、中国海外耕地投资现存问题

（一）海外耕地投资国家规划

按照对外直接投资动机划分，农业产业向外转移的主要类型可分为水土等资源开发型、稀缺性农产品寻求型、技术与管理导向型、市场导向型与优惠政策导向型等[149]。资本的逐利性必然促使企业以全球资源为背景，将资本与区位优势相结合以获取利润的最大化[150]。我国农业对外投资呈现出以资源利用和风险规避为导向、以资源利用和市场潜力挖掘为导向及市场潜力挖掘和科技交流为导向三类[151]。

我国企业海外耕地投资不仅仅是企业行为，而是探索建立海外粮食基地、确保我国粮食安全的重大问题。对外农业投资的企业多为中小型民营企业，处在跨国经营起步阶段，全球产业链布局能力偏弱，缺乏与国际化发展相适应的全球化视野、运作经验以及跨国经营配套服务。投资中存在着政治、政策、价格、汇率等不确定因素，企业对投资风险认识和控制能力有限，项目可持续性差。

耕地投资失败不仅有企业自身经营管理原因，也有我国缺乏海外“种地”国家规划的深层次原因。① 中国虽有多年的农业对外援助与对外投资合作历史，但海外农业投资仍未形成规模与体系，与发达国家相距甚远。

① 张琴．专家呼吁：海外“种地”国家战略亟待建立［N］．中新网-经济参考报，2008-09-22.

国际市场风云变幻莫测，传统风险和非传统风险相互交织，为了减缓企业独自面对国际市场的风险和压力，有效防范企业对外耕地投资风险，海外耕地投资应该采取国家主导模式。

政府扶持企业走出去“租地种粮”“买地种粮”，有利于中国粮食生产的具有相对优势的生产要素与国际粮食生产具有相对优势的生产要素相结合，带动农业技术及生产资料的出口、增加农民赴海外就业机会、改进全球粮食生产的“帕累托最优”。

（二）海外耕地投资与外汇储备投资脱节

在全球农业产业结构演变和升级、农业分工与贸易全球化纵深发展的大环境下，粮食市场与货币市场、外汇市场、期货市场、衍生品市场的联动形成复合金融体系。耕地投资与资本市场之间具有高度的相容性，传统的农产品生产和经营中，土地和劳动力要素占有相对重要的地位，经济全球化下，资本运作将在耕地投资和农产品贸易中发挥主导作用并成为控制、主导土地及劳动力的首要要素。

中国应该利用充足的外汇储备，由政府主权投资基金通过直接向地多人少的国家租用（收购）土地、收并购丰富土地资源的国际上市公司股权等方式，进行海外耕地资源的直接（间接）投资，再交由企业生产管理，形成“国家购地+企业运作”“政府租地+农民种地”模式，对外输出资本、劳动力，为中国粮食安全开辟海外粮仓，促进中国农业进入全球农业大循环。①

（三）海外耕地投资宏观管理薄弱

中国对外农业企业投资规模较小且大多为新建企业，难以形成规模经济，抗风险能力不足，企业投资效果有待提升。对外农业投资项目中主要涉及小麦、水稻、玉米、大豆、棉花、油棕、甘蔗以及天然橡胶的种植与奶牛、肉牛、生猪及禽的养殖。海外农业投资大多数处于产业链的低端环

① 王建英．从粮食种植面积变化看海外租地（买地）种粮［J］．现代农业，2009（2）：83-86.

节，尚未全面参与上下游产业链的建设，对产品收储、流通、定价、销售等无法进行有效掌控。

由于我国缺乏对海外耕地投资中的产业政策、技术政策及法律法规系统研究的部门，缺乏对国际耕地投资市场进行专业分析的人员等多方面原因，政府对海外投资企业的引导、促进、服务、保护与管制等宏观管理方面的协调机制不健全。相关主管部门在按照东道国（或地区）的法规和国际惯例管理企业时存在经验不足，致使企业筹建到建后运作等环节上存在诸多问题。

国内企业从事海外耕地投资既不能享受东道国政府对农产品进行限价时的相关补贴，又不能享受到中国政府对国内企业在种粮、农资、农机等方面的优惠政策，当中国投资企业在东道国遭遇本地用工比例偏高、农产品进出口受限、产品返销国内征收高额关税、利润汇出限制等问题时，缺乏中国政府主管部门出面协调，对投资企业后续投资能力形成制约。

（四）海外耕地投资立法不健全

1979 年以来，中国陆续实施了《关于在国外开设非贸易性合资经营企业的审批程序和管理方法》《境外投资外汇管理办法》《境外投资外汇管理办法实施细则》《关于用国有资产实物向境外投入开办企业的有关规定》《境外国有资产管理产权等级管理暂行办法》《境外国有资产管理产权等级管理暂行办法实施细则》《境外投资联合年检暂行办法》《境外投资综合绩效评价办法（试行）》《对外直接投资统计制度》《中央境外子企业财务决算通知》《境外投资管理办法》《关于鼓励支持和引导个体私营等非公有制经济发展的若干意见》《关于实行出口信用保险专项优惠措施支持个体私营等非公有制企业开拓国际市场的通知》《关于鼓励支持和引导非公有制企业对外投资合作的若干意见》等系列政策鼓励和支持企业“走出去”。

中国对于跨国投资活动开展后企业的扶持、管理、监督方面的法规基本属于空白，各部门对于企业海外投资经营的财务、税务、信贷、外汇、统计等法规制度尚未形成体系。此外，我国尚未建立一个有效的投资企业风险监测、评价体系，造成企业投资定位不准、融资困难、缺乏国际化人才、信息获取迟缓、管理经营方法落后等问题。

第三节 海外耕地投资企业SWOT分析

一、中国企业海外耕地投资优势

SWOT分析法是一种对企业外部环境中存在的机会、威胁和企业内部条件的优势、劣势进行综合分析，据此对备选的方案做出系统的评价，最终选择出最佳的竞争策略的方法。S和W分别代表企业内部环境的优势和劣势（Strengths and Weaknesses），O和T分别代表企业外部环境的机会和威胁（Opportunities and Threats）。

（一）对外投资经济实力强

规模经济增强、运输与储存成本降低、分销渠道合理化、要素成本变化、国民经济的社会环境变窄、政府约束减少等方面优势是企业开展全球竞争动力。① 竞争优势在于比较优势、规模经济、产品差异化及市场信息与技术的公共品特性。②

据国家统计局、商务部数据显示，自2002年以来，中国对外直接投资流量持续快速增长，2018年达到1430.4亿美元，位居全球第二。1978—2017年，我国坚持发展质量和效益并重，经济保持中高速增长，经济总量、外汇储备、货物进出口贸易总额、对外投资规模等指标在世界主要国家中名列前茅，详见表3-7；2002—2018年中国对外直接投资居世界的位次详见表3-8。

联合国贸易和发展会议公布的《2018年世界投资报告》显示，由于地缘政治风险和政策不确定性上升，2017年全球直接投资减少23%。《2018年度中国对外直接投资统计公报》显示，截至2018年年底，中国超2.7万

① 王建英．从粮食种植面积变化看海外租地（买地）种粮［J］．现代农业，2009（2）：83-86.

② 迈克尔·波特．竞争战略［M］．北京：华夏出版社，2008.

境内投资者在全球 188 个国家（地区）设立企业 4.3 万家，投资涵盖国民经济的 18 个行业大类。向投资所在国缴纳的各种税金总额达 594 亿美元，雇用外方员工 187.7 万人，占境外企业员工总数的一半以上。2018 年中国对外直接投资主要东道国详见表 3-9。

表 3-7 1978—2017 年中国主要指标居世界的位次

指　标	1978 年	1980 年	1990 年	2000 年	2010 年	2016 年	2017 年
国土面积/万平方公里	4	4	4	4	4	4	4
人口/万人	1	1	1	1	1	1	1
国内生产总值/亿美元	11	12	11	6	2	2	2
人均国民总收入/美元/人	175（188）	177（188）	178（200）	141（207）	120（215）	93（217）	70（189）
货物进出口贸易总额/亿美元	29	26	16	8	2	2	1
出口额/亿美元	31	30	15	7	1	1	1
进口额/亿美元	29	22	18	8	2	2	2
外商直接投资/亿美元	128	55	12	8	2	3	2
对外直接投资/亿美元	45	63	22	33	5	2	3
外汇储备/亿美元	38	36	10	2	1	1	1

数据来源：《2018 世界统计年鉴》。

表 3-8 2002—2018 年中国对外直接投资居世界的位次

年份	对外直接投资（亿美元）	排名	年份	对外直接投资（亿美元）	排名
2002	27	26	2011	746.5	6
2003	28.5	21	2012	878	3
2004	55	20	2013	1078.4	3
2005	122.6	17	2014	1231.2	3
2006	211.6	13	2015	1456.7	2
2007	265.1	17	2016	1961.5	2
2008	559.1	12	2017	1582.9	3

续表

年份	对外直接投资（亿美元）	排名	年份	对外直接投资（亿美元）	排名
2009	565.3	5	2018	1430.4	2
2010	688.1	5			

数据来源：中国商务部、国家统计局 2002—2018 年《中国对外直接投资统计公报》。

表 3-9　2018 年中国对外直接投资主要东道国

地区	主要国家
亚洲	新加坡、日本、越南、韩国、印度尼西亚、老挝、泰国、柬埔寨、马来西亚、阿联酋、蒙古国等
非洲	赞比亚、尼日利亚、埃塞俄比亚、南非、肯尼亚、坦桑尼亚、加纳、安哥拉、乌干达等
欧洲	英国、荷兰、卢森堡、俄罗斯、德国、瑞士、瑞典、法国、挪威、意大利等
北美洲	美国、加拿大
拉丁美洲	英属维尔京群岛、巴西、委内瑞拉、阿根廷等
大洋洲	澳大利亚、新西兰、萨摩亚、斐济
一带一路	新加坡、俄罗斯、印度尼西亚、哈萨克斯坦、老挝、巴基斯坦、缅甸、柬埔寨、阿联酋、泰国

数据来源：《2018 年度中国对外直接投资统计公报》。

据《2018 年国民经济和社会发展统计公报》数据，2018 年中国国内生产总值为 900309 亿元，人均 GDP 达到 64644 元，超过 5000 美元/人。根据国际资本输出规律与邓宁的投资发展阶段论（IDP 理论），国内部分企业已拥有强大的所有权优势和内部化优势，可从全球资源配置高度来利用东道国的区位优势。政府鼓励国内企业和农民以合作开发、并购或参股等形式参与境外耕地开发，利用中国劳动力资源的相对优势设置海外粮仓，为国内资本输出开辟新渠道。

（二）国际合作政治优势

近年，中国遵循“亲、诚、惠、容”理念和与邻为善、以邻为伴周边外交方针深化同周边国家关系，秉持正确义利观和真实亲诚理念加强同发展中国家团结合作。中国积极响应和参与联合国粮农组织、世界粮食计划署等涉粮国际组织的倡议和活动，推动世界粮食安全治理。（1）增强发展中国家在涉粮国际组织中的代表性和发言权，支持其合理诉求。（2）落实联合国 2030 年可持续发展议程，制定《中国落实 2030 年可持续发展议程国别方案》。（3）参与国际食品法典、国际植物保护公约等国际规则制定，主导制修订小麦规格、玉米规格等多项粮食国际标准。（4）推动亚洲合作对话、参与东盟与中日韩10+3大米紧急储备机制，先后发起或主办多次重要国际会议，推动各国在粮食安全治理方面形成共识。

目前，中国已加入全球性多边投资规则、区域性多边投资规则、国际粮农组织专项规则16项，已签署并生效双边投资协议共计105项，中国已加入农业对外合作国际规则详见表3-10。国际规则的加入对指引企业投资要素配置、规制投资利益归属、规避投资运营风险均起到了积极作用[152]。

表3-10 中国加入农业对外合作国际规则一览表

类别	名称	类别	名称
国际粮农组织	《建立国际农业发展基金的协定》 《濒危野生动植物种国际贸易公约》 《生物多样性公约》 《国际植物新品种保护公约》 《卡塔赫纳生物安全议定书》 《上海合作组织成员国政府间农业合作协定》 《东盟和中日韩大米紧急储备协定》 《关于获取遗传资源和公正公平分享其利用所产生惠益的名古屋议定书》 《粮食和农业植物遗传资源国际条约》 《世界粮食安全国际约定》	全球性多边	《与贸易有关的投资措施协议》 《多边投资机构担保公约》 《解决国家与他国民间投资争端公约》
		区域性多边	《亚太经合组织非约束性投资原则》 《中国东盟投资协议》 《中日韩投资协定》
		双边投资协定	已签署并生效共计105个

截至2018年，中国已经同97个国家和国际组织建立了伙伴关系，对外开放、互利合作的规模不断扩大和深入，中国不仅为国际社会贡献了重要的先进理念和公共产品，更为国内发展营造了有利的国际环境。全球伙伴关系网络日益完善，良好的对华关系为中国企业走向世界，开展国际合作带来前所未有的互动和联动发展机会。

（三）农业科技相对领先

2018年，农业科技进步贡献率达到58.3%，比1996年的15.5%提高了42.8个百分点。旱涝保收、高产稳产的高标准农田达到6.4亿亩，粮食作物耕种收综合机械化率已经超过80%，良种实现全覆盖。

在全球农业价值链中，中国总体农业发展水平处于高产业链附加值的发达国家与从事基本农产品生产加工的发展中国家之间。中国的农业生产技术虽在国际上总体不具备绝对优势，但相对许多发展中国家，我国在农田水利开发管理、水稻、玉米、棉花等品种改良、农业生产组织的改革与管理方面有成功经验。（1）农业机械化技术方面：我国生产的农业机械、饲料加工机械、耕作与收获机械、灌溉设备、沼气等农村能源技术都深受发展中国家欢迎。（2）农田节水灌溉技术方面：中国耕地灌溉率达到全球平均水平的3倍，农田节水灌溉技术对非洲国家提高灌溉设施建设与使用效率十分有效。（3）高新技术研究方面：中国在植物细胞和组织培养、单倍体育种及其应用、航天育种、杂交水稻和油菜的研究与利用，基因疫苗、动物疫病、动植物的营养与代谢等方面的研究都达到或接近国际先进水平。[①]（4）农耕经验和技术方面：中国农民中小规模的农垦开发模式较适合大多数发展中国家。中国企业海外租用农业用地的主要动力在于中国拥有适合于非洲当地情况的农业技术。[②]（5）中国农业装备和农业机械化水平高，已实现了农业生产方式从主要依靠人力、畜力到主要依靠机械动力的转变。农产品加工与贮藏、智慧农业、智慧灌溉、农业物联网建设、遥感技术在农业科研生产中的应用、种质资源保护等方面有技术优势。

（四）企业跨国经营能力强

国际生产折中理论认为，一个企业从事对外直接投资必须同时具有所有权优势、内部化优势与区位优势。[③] 所有权优势指企业在技术、企业规模、组织管理、金融货币及市场销售等方面大于外国企业的优势。内部化优势指企业将资产或所有权内部化转移给国外的子公司，比通过交易转移给其他企业获得更多的利益。区位优势指可供投资地区在劳动力成本、市场需求、自然资源、运输成本、关税和非关税壁垒、政府对外投资的政策等方面的优势。

经过改革开放40年，中国企业经历了由产品生产转向商品生产、由单一生产型转向生产经营型、由资本经营转向海外经济合作、吸收外资为主

---

① 刘曰峰，刘曙光．中非农业合作研究综述［J］．西亚非洲，2010（12）：65-69.

② 寇宗来．土地海外出让：中国粮食安全的可行的策略［D］．上海：复旦大学，2010.

③ 卢进勇，杜奇华．国际经济合作（第二版）［M］．北京：对外经济贸易大学出版社，2013：29.

转向吸收外资与对外投资并重四次重大的经营转轨。

中国宏观经济状况较好，拥有充足外汇储备，企业国际竞争力和跨国管理能力有所提高，对外投资合作具备较好的发展基础。受国内资源、环境、市场限制，越来越多的企业开始探索农业国际化发展步伐，部分企业已经具备了利用全球资源和市场开拓业务的能力。《中国“一带一路”境外经贸合作区助力可持续发展报告》显示，截至2018年9月，中国企业在46个国家在建初具规模的境外经贸合作区113家，累计投资366.3亿美元，入区企业4663家，总产值1117.1亿美元，上缴东道国税费30.8亿美元。

经济全球化进程的不断加快，产品、资本、资源等生产要素在更广阔范围内的加速流动和配置，中国企业只有以己之长，参与国际生产分工，寻求全球化的农业合作，才能在国际市场竞争中求得生存与发展。中国政府积极支持国内有条件的企业“走出去”，秉持共商共建共享原则，在有需要的国家和地区开展农业投资，推广粮食生产、加工、仓储、物流、贸易等技术和经验。

二、中国企业海外耕地投资劣势

（一）企业目标与政策目标偏离

中国农业对外直接投资的主要类型是资源指向型，开展海外耕地投资国家层面立足点在于保障国家粮食与经济安全；强调企业的主体地位和农业“走出去”的公共性，坚持绿色共享，帮助所在国发展农业、增加就业、改善民生、提升其粮食安全水平[153]，形成国际农业合作新格局、全球农业治理新秩序。

多数企业根据自身发展诉求自发走出去，目标在于寻找商机，获取投资回报。企业个体行为，缺乏国家农业对外投资政策支持。政策目标与企业目标的偏离导致企业紧盯着短期经济利益，投资方式简单且发展层次较低，不注重东道国农业综合生产能力的提升和资源环境保护，海外农产品资源的控制能力差，生产风险高；项目可持续性不强，企业难以长足发展。

（二）国际规则参与不足

中国在全球农业领域的话语权和影响力仍显薄弱，中国海外农业投资甚至被贴以“双刃剑”“新殖民主义”等标签[144]。国际规则构建具有投资要素配置的指引作用、投资利益归属的规制作用、投资运营风险的规避化解作用。我国虽已加入部分农业国际条约，但缺乏对农业对外合作的投资形式、投资主体、投资保护措施、投资竞争限制、投资争议解决等关键事项进行明晰规定的国际规则，对推进中国农业对外合作的引领保障作用不足[152]。

（三）全球资源配置能力较弱

农业属弱质产业、微利产业、高风险产业，企业面临经济障碍（运输和储存成本、不同产品需求、已建立的分销渠道、销售力量、对交货时间的敏感性、地缘市场内复杂的细分市场、缺乏世界性需求）、管理障碍（不同的销售任务、密集的本地服务、迅速变化的技术）、制度障碍等全球竞争障碍。① 中国企业的国际化经营尚处于初级阶段，在资源禀赋、财政及物化投入、市场建设、用人体制、农村组织化程度、管理水平等方面与成熟的跨国公司存在差距。中国企业对全球资源的配置能力较弱，企业为了有效执行全球化经营战略，需要维持分散在各国的各单位间的高度协调与合作，需付出高额的妥协成本与负责成本。中国企业海外耕地投资面临着投资成本高、投资效益低、难以在全球范围内合理布局投资等问题。

（四）支持政策体系不健全

政府在投资国别研究、规划编制、投资促进、信息共享等公共服务方面存在短板，跨国投资企业获取市场信息、法律法规、资源状况、风土人情等信息缺乏系统权威渠道。具备海外经营管理经验、熟悉国际规则、熟悉各国经济政策的专家和复合型人才比较缺乏。企业融资需求得不到有效满足。

---

① 迈克尔·波特．竞争战略［M］．北京：华夏出版社，2008.

三、中国企业海外耕地投资机会

（一）国际农业合作基础坚实

我国农业对外合作在顶层设计、政策创设、平台建设等方面有一定突破，合作格局初步形成。中国在推动“一带一路”农业合作，推进实施“中非十大合作计划”，积极利用“南南合作援助基金”，开展农业领域南南合作，支持发展中国家落实2030年可持续发展议程，创新与发达国家农业合作方式，全面构建新型农业国际合作关系，推动全球实现农业可持续发展。迫切需要企业加快与国际接轨，加强运营能力，提高对外农业投资的效率和质量，积极参与全球粮食安全治理。

（二）各国农业合作诉求强烈

全球气候变化加剧，极端天气频繁出现，洪涝灾害或干旱、上下游的水资源分配、生态与环境问题等都威胁着全球农业可持续发展。全球粮食供给不足和营养不良问题日益严峻，除了非洲和南美的一些地区外，农业领域几乎没有扩张的空间。东南亚、中亚、拉美等国家和地区的农业发展，在单产水平、基础设施建设、优质农资供应等方面还存在短板，世界农业产业链条有待挖潜。大部分国家对解决饥饿和贫困问题、保障粮食安全与营养的愿望强烈，具有开展农业合作的共同诉求。国际组织正在积极推动全球农业投资合作，巩固强化国际粮食经贸往来，促进农业资源与粮食市场的再平衡。

四、中国企业海外耕地投资威胁

（一）跨国投资阻碍增多

保护主义和单边主义的干扰，逆全球化思潮涌动，贸易保护主义抬头，恶意制造贸易摩擦，限制企业正常投资等不稳定因素影响着国际粮食贸易与农业直接投资。2017年以来，部分国家以保护国家安全和重要资源为由，从投资类型、审查标准、审查流程等方面加强了安全审查机制，特别是美国、英国、法国、德国、意大利、日本等发达国家对外商投资并购实施更趋严格的监管和限制。

（二）投资回报率下降

自2008年全球金融危机以来，全球主要经济体复苏乏力，世界经济运行甚至出现衰退风险，给世界各国经济持续增长带来新挑战。《世界投资报告2018》显示，国际外商投资回报率从2012年的8.1%下降至2017年的6.7%，呈现整体下降态势。地缘政治紧张局势、网络攻击、气候变化和自然灾害、人口结构变化、生产率增长减缓等因素制约着经济增长。联合国粮农组织（FAO）和经济合作与发展组织（OECD）认为，受能源价格上涨影响，未来10年全球农业生产将继续保持高成本、低增长的特征。

（三）农产品贸易壁垒

中国海外屯田大多在南美洲、大洋洲、非洲、南亚等东道国，相对于母国，海外从事农业须交纳由东道国政府主导的额外农业租，且海外租地种粮国际运输及保险费的系统成本高[154]。部分国家和地区对外商投资存在限制较多、审核较严、在劳务卡发放、投资比例和签证期限方面都有严格规定。海外农业基地所需的种子、农药、化肥、农机等物资和设备办理出关手续烦琐，投资项目落地难度大。

（四）境外投资风险频发

目前，大多东道国土地处于半荒废状态，土质薄、养分低、单位产量低，必须发展灌溉农业；部分东道国水、电、交通、通信等基础设施薄弱，需要大规模投资农田水利、道路、仓储等设施，才能达到作物种植、运储条件。海外耕地投资面临着政治风险（政治稳定性和政府行政效率）、主权风险（国民待遇和市场开放度）、安全风险（恐怖主义威胁、疫病和其他人身威胁）、法律风险、工会风险、环保风险等七类外部风险，① 企业有序经营、投资回收存在挑战。

综上所述，中国企业海外耕地投资的SWOT矩阵图如图3-1所示。中

① 刘宏，汪段泳．“走出去”战略实施及对外直接投资的国家风险评估：2008—2009［J］．国际贸易，2010（10）：53-56.

国企业已具备了开展跨国耕地投资的政治、经济、技术等方面的比较优势。中国企业开展海外耕地投资的障碍在于中国政府海外耕地投资规划的缺失与投资项目后续扶持与监管薄弱，政府应重视跨国耕地投资对于保障国家粮食与经济安全，促进“南南合作”，解决全球粮食安全多重作用，以对外农业援助为突破口，利用充足的外汇储备为企业海外耕地投资提供支持与保障。

	优势（S）	劣势（W）
机会（O） （1）国际农业合作基础坚实 （2）各国农业合作诉求强烈	（1）对外投资经济实力强 （2）国际合作政治优势 （3）农业科技相对领先 （4）企业跨国经营能力强	（1）企业目标与政策目标偏离 （2）国际规则参与不足 （3）全球资源配置能力较弱 （4）支持政策体系不健全
	SO 战略：利用机会发挥优势	WO 战略：利用机会避免劣势
	（1）加速耕地投资布局 （2）开展国际农业合作 （3）参与粮食安全治理	（1）企业目标与国家目标统一 （2）加强外交，制定国家投资规划 （3）合规性操作，负责任投资
威胁（T） （1）跨国投资阻碍增多 （2）投资回报率下降 （3）农产品贸易壁垒 （4）境外投资风险频发	ST 战略：利用优势避免威胁	WT 战略：避免劣势应对威胁
	（1）控制投资成本 （2）慎重选择投资区域 （3）与东道国企业合作与联营，争取东道国政府支持	（1）科学制定投资规划 （2）加强投资风险评估与防范 （3）参与国际规则制定

图 3-1 中国企业海外耕地投资的 SWOT 矩阵

第四节 海外耕地投资企业经营策略

一、本地化经营

国际农业投资行为通常涉及东道国政府、投资国政府、金融机构、投资者、民间社团、土地所有人等相关方，海外耕地投资企业可采取生产经营本地化策略、投资组合策略在一定程度上控制风险。实施本地化策略可降低进入东道国市场的门槛和政治风险、吸纳当地资源优势、利用当地人力资本、提高企业的长期适应能力与竞争能力。

中国企业在海外耕地投资中应该接近互补性资源、合理配置生产要素，加强与东道国的合作，采用投资决策本地化、人员本地化、产品开发本地化、物料本地化、营销本地化、利润本地化和企业文化本地化等策略，加强与东道国政府及社团的沟通，依法经营，积极承担社会责任。（1）遵守东道国有关税法、反商业贿赂法、环保法、劳工保障法、工会法、公司法、物权法、合同法等法律，与东道国当地社区分享收益。（2）做好企业发展规划与耕地资源开发计划，避免对耕地资源的“掠夺式”开发，消除东道国居民敌意，追求利益最大化时注重履行企业社会责任，树立良好企业形象。（3）通过股权或并购方式利用东道国政府、银行、企业资本，开展农产品高效生产与加工、农业技术模仿和技术改进，融入当地产业集群。（4）企业应该强化其海外投资的社会责任，更多地雇用东道国当地人，发展包括消费者、供应商、当地雇员、银行以及合资各方的伙伴关系，形成既得利益集团。（5）引入在当地具有影响力的合作伙伴，或者与在当地具有较强公信力的第三方机构进行合作。借助于东道国的中介机构，解决在企业生产经营中的可行性研究、尽职调查、风险评估、资产评估、法律确认等问题。

二、多元化经营

多元化发展具有非常鲜明的拓展企业经营边界，谋求广阔发展空间，规避企业经营风险的优越性，能够在一定程度上分散企业的经营风险，并通过协同效应实现规模经济和管理效率的提高。企业实施多元化必须满足产业吸引力检验、互利性检验、进入成本检验三个前提条件。企业选择进入产业结构必须具有吸引力；企业能够为新业务单元带来重要的竞争优势，或者新业务单元能给企业提供潜在优势；企业应当考虑进入新产业成本，新业务单元不能耗尽企业未来所有的利润。[1]

[1] M. Porter. From Competitive Advantage to Corporate Strategy. Harvard Business Review, 1987, (May-June): 43-59.

中国企业海外耕地投资多元化策略包括：（1）投资结构多元化：中国企业应该整体布局，尽量选择政局稳定、宗教民族矛盾比较缓和的国度投资，通过跨行业、跨地经营，实现总体风险在各个单元间转移。除对外直接耕地投资之外，投资东道国基础设施、农产品交易所、物流基础设施，通过增加整体经济实力弥补和抵御局部风险。（2）投资进入方式多元化：充分发挥企业相对优势，独资与合资相结合、股权与债权相结合，获得良好的市场进入，缓解东道国民族主义对中国企业的敌视，减少政府干预的可能性。（3）投资品种多样化：通过搭配农产品品种或分期播种，发展农产品综合加工、储藏、保鲜等业务。（4）生产模式多样化：企业除大规模自己种植外，可把大片土地分租给当地人种植、发展合同农业，通过扩大规模降低成本、提高农产品附加值。（5）产品销售方式多样化，建立一种风险共担、利益共享的合作组织方式，利用期货订单来转移订单风险。海外生产的农产品既可以向中国（其他国）出口，也可以在东道国当地市场销售。（6）投资形式多样化：为避免大规模土地投资因遭到东道国社区与民众的抵抗而失败，应采取承包农业，建设经济合作区，建设基础设施走廊等更为分散与微妙的土地投资形式。

多元化策略对企业资源、竞争能力、组织结构、运营流程等方面的要求极高。中国企业在严格遵循产业吸引力检验、互利性检验、进入成本检验基础上，实施海外耕地投资多元化，注重提高企业核心竞争力，利用相关性的扩张策略，发挥原有人才、技术、营销网络的优势所造成的协同效应，形成良性循环扩张模式，避免“多元化陷阱”。

三、跨境并购

企业进入全球市场有多国竞争（multinational competition）与全球竞争（global competition）两种策略。中国对外投资方式包括绿地投资、收购并购、联合投资、实物投资、股权置换、返程投资等形式，主要以跨国兼并与收购为主。

跨国兼并购按并购企业与目标企业从事行业的关联程度不同，可以分为横向并购、纵向并购和混合并购三种类型。横向并购是指生产同类产品或生产工艺相近的企业之间并购，目的在于获得更大的市场力量，迅速扩大生产规模，实现规模效益。纵向并购的优点在于促使生产过程各环节密切配合，加速生产流通，缩短生产周期，减少运输、仓储，节约资源和能源。混合并购是兼有横向并购和纵向并购的优点，目的在于产品扩张型与市场扩张型。

中国海外耕地投资企业并购形式进入东道国市场优点在于：(1) 收集市场需求信息，开发出满足消费者需求和该国气候条件的优质产品。(2) 获得当地合作伙伴的知识，通过协作，加快业务整合，共同分担成本与投资风险。(3) 获得境外企业优势资源、品牌、技术、市场、渠道，发挥产业链优势，提升产业层次，速度快、效率高。(4) 实现生产规模经济、协同效应，降低市场进入壁垒。

中国海外耕地投资企业并购风险防范措施：(1) 企业针对自己的状况与条件，以及东道国的市场规模、顾客收入、购买力与竞争状况，评估长期的潜在利益、成本与风险。(2) 设计包括融资、投资、运营、资本运作、经营管理以及营销等全流程的可行性强的并购方案。(3) 对拟合作伙伴的历史沿革、资产、业务、税务执行、重大合同履约、公司治理结构、法律纠纷等状况做详尽调查，慎重选择投资模式。(4) 防止并购中的法律制度风险、政府干预风险、并购欺诈风险、反并购财务风险、并购后整合等风险。

四、战略联盟

绿地投资方式虽能最大限度地控制企业运作，但组建过程复杂且成本很高，当东道国国家风险高时，企业应通过战略联盟方式进入。

战略联盟（strategic alliance）借助合作伙伴的资源与产能，让企业对其自身资源进行调整并形成新竞争优势的基础，具有经营协同性、平等合作性、边界模糊性、灵活性的特征。企业进行战略联盟的动因在于减少风险、获取规模经济和生产合理化、交换互补性技术和专利、增强同价值链上的互补性伙伴的联系。

中国海外耕地投资企业战略联盟的主要利益有：(1) 企业以最低的成

本和最快的速度进入东道国土地市场，实现战略目标。（2）增强与农业价值链上互补伙伴间的关系，实现联盟伙伴优势互补、利益均沾。（3）克服政府对投资的限制，越过贸易壁垒，合理避税。（4）借助各方能力开辟新的市场与经营领域，实行多元化经营。（5）借助合作伙伴的资源与产能，发挥资源协同效应，实现农产品生产、流通、销售环节的全控制，延长农产品的国外增值链，提升企业运作柔性和竞争优势。

中国海外耕地投资企业战略联盟形式：生产类联盟可采用“分包制”企业联盟、业务外包、特许生产经营联盟及合作生产联盟等形式。市场销售类联盟可采取营销联盟、连锁经营、价格联盟等形式。农业科技类联盟的特征是实现合作中信息、技术、专利、技能等因素的共享，可采取供应商或客户的长期合约、志愿性竞争限制条件、联盟或合资、特许经营、技术使用协定、参与行业公会等形式。

企业慎重选取合作伙伴、建立合理组织关系，加强沟通以保证联盟各方权、责、利明确界定，防止组织不合理、沟通不及时造成的联盟失败。同时应该从所有权控制、人员控制、信息控制、财务控制与评价方面对联盟企业进行控制，在享受战略联盟优势的同时避免合作风险。

第四章
海外耕地投资企业选址规划

第一节　海外耕地投资企业目标

一、海外耕地投资国家目标

中国耕地数量由 1996 年的 13004 万公顷下降到 2008 年的 12172.21 万公顷。2012—2017 年，耕地数量由 13515.84 万公顷减少到 13486.32 万公顷，年均减少 5.78 万公顷。《2017 年中国土地矿产海洋资源统计公报》显示，2016 年年末，全国耕地平均质量等别为 9.96 等。优等地面积为 389.91 万公顷，占全国耕地评定总面积的 2.90%；高等地面积为 3579.57 万公顷，占 26.59%；中等地面积为 7097.49 万公顷，占比 52.72%；低等地面积为 2395.4 万公顷，占 17.79%。

我国通过稳步提升粮食生产能力（严守耕地保护红线、建立粮食生产功能区和重要农产品生产保护区、提高水资源利用效率）、保护和调动粮食种植积极性（保障种粮农民收益、完善生产经营方式）、创新完善粮食市场体系（积极构建多元市场主体格局、健全完善粮食交易体系、稳步提升粮食市场服务水平）、深化粮食收储制度和价格形成机制改革、大力发展粮食产业经济等措施，实施粮食生产、流通、储备等各个环节的粮食安全保障政策体系，农业种植结构、农业区域布局、粮食品种结构不断优化，粮食单产水平提高。中国粮食产量从 2012 年的 58957 万吨增加到

2017 年的 61791 万吨，年均增加 472.23 万吨，2012—2017 年中国耕地变化与粮食产量情况详见表 4-1。2019 年全国粮食播种面积 11607 公顷，粮食总产量 66384 万吨，创历史最高水平。

表 4-1　2012—2017 年中国耕地变化、粮食产量情况

年份	耕地增加（万公顷）	耕地减少（万公顷）	耕地净减少（万公顷）	耕地总量（万公顷）	粮食种植面积（万公顷）	粮食产量（万吨）
2012	32.18	40.20	4.73	13515.84	11127	58957
2013	35.96	35.47	-0.49	13516.34	11195	60194
2014	28.07	38.80	10.73	13505.73	11274	60710
2015	24.23	30.17	5.94	13499.78	11334	62144
2016	26.81	34.5	7.69	13492.09	11303	61624
2017	25.95	32.04	6.09	13486.32	11222	61791

数据来源：2012—2016 年国土资源公报，2017 年中国土地矿产海洋资源统计公报，历年国民经济与社会发展统计公报。

根据众多学者对 2020—2030 年中国粮食需求量和供给量的预测，2030 年我国人口将增长到 14.6 亿，国内粮食需求总量为 60546.64 万吨，而粮食生产总量仅为 59289.30 万吨，粮食余缺量为 1257.34 万吨。2020—2030 年中国人口发展与粮食供应状况预测详见 4-2。

表 4-2　2020—2030 年中国人口发展与粮食供应状况预测

指标	2020 年	2030 年
年末总人口（亿人）	14.46	14.63
口粮（万吨）	19782.05	19987.40
饲料用粮	26732.50	27010.00
工业用粮	8045.01	10077.37
种子用粮	1100.00	1150.00
粮食耗损	2319.15	2321.87
总需求（万吨）	57978.71	60546.64
生产量（万吨）	56402.90	59289.30
余缺量（万吨）	-1575.81	-1257.34
余缺占需求比重（%）	2.72	2.07
余缺占生产比重（%）	2.79	2.12

数据来源：陶家渠《2030 年前中国国民经济总体发展战略与发展预测》。

中国粮食安全现状表现为：（1）需求方面。快速城市化进程中城市与农村争地、工业与农业争地、燃料与粮食争地、住房与庄稼争地的形势下，人均口粮消费将稳中略降，饲料和工业转化用粮消费继续增加，粮食消费总量刚性增长，粮食消费结构不断升级。（2）供给方面。农业生产成本攀升，资源环境承载能力趋紧，农业基础设施相对薄弱，抗灾减灾能力有待提升，在确保绿色发展和资源永续利用的同时，稳定发展粮食生产压力较大。（3）流通方面。粮食生产将继续向核心产区集中，跨区域粮食流通量将进一步增加，粮食市场大幅波动的风险依然存在。

中国海外耕地投资国家目标可分为本国、双边和多边三个层次。（1）本国目标：在全球范围内建立粮油食品收储体系和生产基地，弥补国内水土资源短缺，保障国内粮食安全。通过直接投资耕地资源，减少粮食进口依赖，规避农产品贸易壁垒，分享中国农业发展成果，提升中国农业国际竞争能力。（2）双边目标：通过资金、技术、劳务输出开垦东道国耕地资源，帮助东道国逐步实现粮食自给；在发达的农业大国承租大型粮库，培育大宗粮食出口和进口，稳定国际粮价。（3）多边目标：通过开展全球、区域和双边等多层次的国际农业交流与合作，参与全球和区域粮食安全治理，推进耕地资源全球优化配置，探索国际粮食合作新模式，维护世界粮食安全。

中国海外耕地投资应坚持原则：（1）坚持国家经济利益，加强中国耕地投资规划，合理布局，防止无序竞争，维护国家利益。（2）投资国多元化，慎重选择东道国，坚持相互尊重、平等互利、优势互补、合作共赢。（3）保障资源国际供给稳定，实现农业区域化布局和农业企业建设有机结合。（4）构建国家主导、企业为主体的海外耕地投资格局，推动我国对外农业合作形成新的“空间布局”。

二、海外耕地投资企业目标

企业目标（goal）是企业使命和愿景的具体体现，包括在行业中的地位、企业规模、竞争能力、技术能力、市场份额、销售收入和盈利增长率、投资收益率以及企业形象等，具有可度量性、可操作性、系统性。

中国国有企业与民营企业进行海外耕地投资目的、项目运作方式上存在较大差异。（1）国有企业海外耕地投资属政府推动型，项目多以中国农业援助项目、国家农业“走出去”示范项目为基础，投资资金源于国家对外援助资金支持，投资目的在于保障国家粮食安全和服务中国外交。（2）民营企业进行海外耕地投资是纯粹市场行为，投资目的在于经济效益，并非由政府主导的资源寻求型粮食安全战略[88]。

中国企业海外耕地投资的目标主要包括：降低生产成本、接近原材料产地、扩大市场占有率、利用东道国出口配额、规避关税壁垒等。中国企业海外耕地投资目标制定应该做好项目前期可行性论证，选择利于企业经营的优势技术。围绕国家及省市对外农业合作规划，将企业的发展目标融入国家规划，围绕优势农产品区域布局规划，选择合适的投资区域及投资模式。

第二节　海外耕地投资选址研究方法

一、海外耕地投资选址影响因素

资本国际移动论认为，资本国际流动基于各国对技术、管理经验、生产原料等资源需要的差异而产生。按照产业升级理论，技术能力的存在与累积是国际生产活动模式和增长的决定因素，发展中国家对外投资的地域扩展遵循周边国家—其他发展中国家—发达国家的顺序[155]。

国际直接投资理论包括垄断优势理论、产品生命周期理论、内部化理论、比较优势理论、国际生产折中理论、投资诱发要素组合理论、资本化率理论等。国际生产折中理论认为，一个企业从事对外直接投资必须同时具有所有权优势、内部化优势与区位优势。① 中国企业进行海外耕地投资应结合自身优势，综合投资区域的市场规模、贸易潜力、消费结构、产业

① M. Porter. From Competitive Advantage to Corporate Strategy. Harvard Business Review，1987，(May-June)：43-59.

互补性、国别风险等因素，寻求所有权优势、内部化优势和区位优势的最佳结合。

中国企业对外直接投资动因有开拓市场、寻求自然资源、获取先进技术和管理经验、增加金融资本、获取互补性资源、规避国内商业环境限制等；中国农业对外投资以资源利用、风险规避、市场潜力挖掘、科技交流为导向，寻求稀缺性农产品资源、市场及优惠政策。中国海外耕地投资的驱动力来自粮食安全、能源安全、金融逐利、产业控制、资源获取及公共政策六大驱动，以效率寻求型和市场寻求型为主。

中国对外直接投资的区位选择影响因素包括：东道国的市场潜力、廉价劳动力、自然资源和资产禀赋、经济制度质量、服务业发展水平、通讯能力、外资开放度、制度环境、产业集聚效应、政治稳定性、政府效率、监管质量、法治水平和腐败控制能力；东道国与中国的地理距离、签订双边协定。

实证研究证明，影响中国海外耕地投资区位选择的因素包括：东道国的耕地总面积、劳动力丰富、人均 GDP、基础设施完备、腐败控制度、产权安全度、投资便利度、政治环境稳定、企业信息披露程度指数、外国直接投资净流入量及商业银行分支机构数；与中国的地理位置、贸易距离、区域贸易协定；制度相似且经济关系较好。

二、海外耕地投资选址研究模型

中国对外直接投资区位选择的定量研究方法主要有：面板负二项模型、动态面板模型、条件 Logistic 模型、二元 Logistic 模型、贸易引力模型和随机效用模型、引力模型和时变随机前沿模型、Spearman 相关分析及主成分分析等。

本研究目标是探索哪些因素会影响中国企业选择在东道国进行耕地投资，因变量是投资区位选择结果，结果为“选择”与“不选择”是个两分类变量，中国企业已开展海外耕地投资东道国赋值为 1，否则赋值为 0。构建二元 Logistic 模型，具体形式如下：

$$LNp/(1-p)=\exp(\beta_0+\beta X)+\varepsilon \quad (4.1)$$

式（4.1）中，p 为选择投资的概率，（$1-p$）为不选择投资的概率，β_0 为常数项，β 为自变量 X 的待估系数，向量 X 为自变量，ε 为模型的随机误差。

第三节 海外耕地投资选址实证

2000—2018 年中国企业已投入生产的项目 167 项，投资土地面积 73.84 万公顷。考虑数据的完整性和可获得性，结合中国企业境外农业投资主要区域，本研究选取全球 42 个主要国家相关数据为样本，开展实证计量分析。

一、研究假设

（1）H_1：东道国农产品市场规模与中国企业选择耕地投资的可能性相关。

中国海外投资耕地生产的粮食主要用于满足东道国市场与国际粮食市场需求，东道国的经济、人口、农产品市场需求、粮食进出口额等因素都对中国海外耕地投资决策产生影响。

（2）H_2：东道国农业资源的丰裕程度与中国企业选择耕地投资的可能性正相关。

资本、土地、劳动力、农业技术是粮食生产所需的四大要素，东道国耕地、农业用水、农业人口等自然资源的充裕程度与对外直接投资尤其是资源寻求型投资的流入成正比。

（3）H_3：东道国的营商环境与中国企业选择耕地投资的可能性正相关。

目前，国际耕地投资的平均合约执行率仅为 15.93%，东道国优良的营商环境有利于保障企业建立、运营及发展，保证项目正常实施与可持续经营。

《世界银行营商环境评价指标体系》从开办企业、办理施工许可、获得电力、产权登记、获得信贷、保护少数投资者、纳税等方面制定了11项一级指标、43项二级指标评价东道国营商环境。

（4）H_4：东道国基础设施质量优良与中国企业选择耕地投资的可能性正相关。

中国海外屯田大多在南美洲、大洋洲、非洲、南亚等东道国，海外租地种粮具有国际运输及保险费的系统成本。东道国交通、通信等基础设施供给质量对于降低企业及其供应链上下游企业的生产要素流动成本与农产品储运交易成本，提高企业利润具有十分积极的影响。

二、变量选取与数据来源

1. 因变量

对中国企业已经开展耕地投资的投资东道国赋值为1，否则赋值为0，因变量赋值表详见表4-3。

表4-3　因变量赋值表

序号	国别	是否投资	序号	国别	是否投资	序号	国别	是否投资
1	孟加拉国	0	15	巴基斯坦	0	29	委内瑞拉	1
2	文莱	0	16	菲律宾	1	30	捷克	0
3	柬埔寨	1	17	新加坡	0	31	法国	0
4	印度	0	18	斯里兰卡	0	32	德国	0
5	印度尼西亚	1	19	泰国	0	33	意大利	0
6	伊朗	0	20	越南	1	34	荷兰	0
7	以色列	0	21	埃及	0	35	波兰	0
8	日本	0	22	尼日利亚	1	36	俄罗斯	1
9	哈萨克斯坦	1	23	南非	0	37	西班牙	0
10	韩国	0	24	加拿大	0	38	土耳其	0
11	老挝	1	25	墨西哥	0	39	乌克兰	1
12	马来西亚	1	26	美国	0	40	英国	0
13	蒙古	0	27	阿根廷	1	41	澳大利亚	0
14	缅甸	1	28	巴西	1	42	新西兰	0

2. 自变量

从农产品市场规模、农业资源禀赋、基础设施质量、营商环境四个维度，选取人均 GDP、人口密度、国际贫困率等 20 项指标作为自变量，记为 X_1-X_{20}。

（1）用 X_1（人均 GDP）、X_2（人口密度）、X_3（国际贫困率）、X_4（第一产业对国内生产总值贡献率）、X_5（农产品净进口额）、X_6（全球竞争力总指数排名）6 个指标作为衡量东道国农产品市场规模的代理变量。预期该指标水平与选择在该国耕地投资的概率或正或负相关。

（2）用 X_7（人均耕地面积）、X_8（地均用水量）、X_9（农业人口比重）、X_{10}（农业生产指数）、X_{11}（谷物产量）5 个指标作为衡量东道国农业资源禀赋的代理变量。预期该指标水平与选择在该国耕地投资的概率正相关。

（3）用 X_{12}（全球化指数）、X_{13}（企业经营环境排名）、X_{14}（开办企业成本占人均收入比重）、X_{15}（私人部门贷款占国内生产总值比）、X_{16}（汽油价格）5 个指标作为衡量东道国营商环境的代理变量。预期该指标水平与选择在该国耕地投资的概率正相关。

（4）用 X_{17}（铁路货运周转量）、X_{18}（港口集装箱吞吐量）、X_{19}（空运货物周转量）、X_{20}（移动电话占有量）4 个指标作为衡量东道国基础设施质量代理变量。预期该指标水平与选择在该国耕地投资的概率正相关。

为消除可能的异方差，对 X_2、X_{11}、X_{19} 进行对数化处理，记为 $\ln X_2$、$\ln X_{11}$、$\ln X_{19}$。自变量体系具体描述参见表 4-4，自变量取值参见表 4-5、表 4-6。

表 4-4 自变量描述表

假设	变量	变量名称	数据来源	单位
农产品市场规模	X_1	人均 GDP	《国际统计年鉴 2018》	万美元
	X_2	人口密度	《国际统计年鉴 2018》	人/平方公里
	X_3	国际贫困率	《国际统计年鉴 2018》	%
	X_4	第一产业对国内生产总值贡献率	世界银行 WDI 数据库	%
	X_5	农产品净进口额	世界贸易组织数据（2016）	亿美元
	X_6	全球竞争力总指数排名	《全球竞争力报告》	
农业资源禀赋	X_7	人均耕地面积（耕地面积/总人口）	《国际统计年鉴 2018》	公顷/人
	X_8	地均用水量（农业用水量/耕地面积）	世界银行 WDI 数据库（2014）	立方米/万公顷
	X_9	农业人口比重	《国际统计年鉴 2018》	%
	X_{10}	农业生产指数	联合国 FAO 数据库（2016）	%
	X_{11}	谷物产量	联合国 FAO 数据库（2017）	万吨
营商环境	X_{12}	全球化指数	《国际统计年鉴 2018》	%
	X_{13}	企业经营环境排名	《全球营商环境报告 2017》	
	X_{14}	开办企业成本占人均收入比重	《全球营商环境报告 2017》	%
	X_{15}	私人部门贷款占国内生产总值比	世界银行 WDI 数据库	%
	X_{16}	汽油价格	《世界公路统计 2017》	美分/升
基础设施质量	X_{17}	铁路货运周转量	世界银行 WDI 数据库	亿吨公里
	X_{18}	港口集装箱吞吐量	世界银行 WDI 数据库	万标准集装箱
	X_{19}	空运货物周转量	世界银行 WDI 数据库	万吨公里
	X_{20}	移动电话占有量	世界银行 WDI 数据库	部/千人

表 4-5 自变量取值表（1）

序号	国别	Y	X_1	X_2	X_3	X_4	X_5	X_6	X_7	X_8	X_9	X_{10}
1	孟加拉国	0	0.39	1265.0	14.8	6.1	105.88	99	0.04	1.19	64.2	144.4
2	文莱	0	7.88	81.4	2.6	-1.0	4.18	46	0.02	4.9	22.2	169.1
3	柬埔寨	1	0.4	90.7	2.6	7.4	4.79	94	0.23	2.98	78.8	185.5
4	印度	0	0.71	450.4	16	7.1	-48.66	40	0.12	0.84	66.5	144.9
5	印度尼西亚	1	1.23	145.7	6.5	10.7	-191.99	36	0.08	7.03	44.8	143.1
6	伊朗	0	2.1	49.8	0.2	20.6	33.1	69	0.17	0.81	25.6	110.1
7	以色列	0	3.84	402.6	0	1.3	40.13	16	0.03	0.14	7.7	108.8
8	日本	0	4.39	347.8	0	-19.0	633.92	9	0.03	0.69	5.7	92.1
9	哈萨克斯坦	1	2.64	6.7	2.5	3.4	8.93	57	1.62	0.14	46.8	139.2
10	韩国	0	3.83	528.0	0	0.2	212.96	26	0.03	2.43	17.3	102.8
11	老挝	1	0.7	29.7	17.1	2	-4.06	98	0.22	11.38	59.3	219.3
12	马来西亚	1	2.94	96.3	2.5	10.1	-80.2	23	0.03	13.66	24.0	122.7
13	蒙古	0	1.3	2.0	0.5	2	1.5	101	0.18	2.68	26.4	161.4
14	缅甸	1	0.61	81.7	6.4	2	-15.82	151	0.20	8.2	64.8	137.0
15	巴基斯坦	0	0.55	255.6	6.1	8.6	37.45	115	0.15	0.17	60.3	127.6
16	菲律宾	1	0.83	351.9	8.3	5.5	53.89	56	0.05	7.05	55.8	113.4
17	新加坡	0	0.71	7915.7	0.2	-0.1	-16.23	3	0.00	1	1	144.9
18	斯里兰卡	0	1.28	342.0	0.7	-0.1	-1.11	151	0.06	3.55	81.5	128.1
19	泰国	0	1.79	135.1	0.1	-2.0	-205.42	32	0.24	1.21	47.3	118.3
20	越南	1	0.68	308.1	1.6	13.7	-49.3	55	0.07	4.87	65.1	138.4
21	埃及	0	1.16	98.0	1.3	4.0	77.36	100	0.03	0.05	56.7	124.4

续表

序号	国别	Y	X_1	X_2	X_3	X_4	X_5	X_6	X_7	X_8	X_9	X_{10}
22	尼日利亚	1	0.59	209.6	7.9	101.1	22.96	125	0.18	0.35	50.6	118.9
23	南非	0	1.35	46.8	18.9	30.4	-32.97	61	0.22	0.22	34.2	116.6
24	加拿大	0	4.64	4.0	0.3	0.2	-253.55	14	1.08	0.8	17.8	113.1
25	墨西哥	0	1.81	66.4	2.5	5.7	-18.98	51	0.18	1.37	20.2	125.7
26	美国	0	5.95	35.6	1.3	9.3	-10	2	0.43	0.74	18.0	116.5
27	阿根廷	1	2.08	16.2	0.6	13.5	-343.85	92	0.87	0.55	8.0	130.9
28	巴西	1	1.55	25.0	3.4	78.8	-650.37	80	0.38	4.24	13.8	135.8
29	委内瑞拉	1	1.76	36.3	2.6	6.3	29.51	127	0.08	22.02	10.9	108.5
30	捷克	0	3.69	137.2	0	2.1	4.22	31	0.29	0.01	27.0	100.1
31	法国	0	4.28	122.6	0	5.4	-48.14	22	0.27	0.1	20.0	95.8
32	德国	0	5.07	237.0	0	-0.3	197.76	5	0.14	0.01	24.3	106.8
33	意大利	0	3.98	205.9	1.2	-6.3	92.72	43	0.11	1.22	30.7	91.6
34	荷兰	0	5.29	508.5	0	0.3	-305.85	4	0.05	0.01	8.5	117.8
35	波兰	0	2.93	124.0	2.6	-3.3	-75.58	39	0.28	0.05	39.5	113.1
36	俄罗斯	1	2.55	8.8	0	3.5	10.8	38	0.82	0.7	25.8	138.8
37	西班牙	0	3.81	93.1	1	3.5	-121.38	34	0.26	0.57	20.0	103.6
38	土耳其	0	2.79	104.9	0.2	5.0	-10.03	53	0.25	0.81	25.6	129.0
39	乌克兰	1	0.87	77.4	0.1	-1.8	-117.35	81	0.70	0.05	29.9	153.0
40	英国	0	4.39	272.9	0.2	-0.2	359.2	8	0.09	0.22	16.9	103.1
41	澳大利亚	0	4.7	3.2	0	16.5	-190.59	21	1.86	0.7	10.3	104.4
42	新西兰	0	4.09	18.2	1.4	-0.9	-193.22	13	0.12	34.17	13.6	117.3

表 4-6 自变量取值表（2）

序号	国别	X_{11}	X_{12}	X_{13}	X_{14}	X_{15}	X_{16}	X_{17}	X_{18}	X_{19}	X_{20}
1	孟加拉国	5333. 2	45. 54	177	22. 3	47. 6	130	7. 10	237	379	881. 2
2	文莱	2000	62. 15	56	1. 1	39. 5	135	0	12	117	1270. 7
3	柬埔寨	1110. 0	56. 67	135	51. 3	86. 7	140	0	48	131	1160. 4
4	印度	31361. 0	56. 77	100	14. 8	49. 5	110	6005. 48	1208	13982	872. 9
5	印度尼西亚	10933. 4	62. 04	72	10. 9	38. 7	93	43. 90	1243	11025	1738. 4
6	伊朗	2098. 1	48. 66	124	1. 4	66. 1	37	202. 47	245	1928	1073. 2
7	以色列	2000	75. 73	54	3. 2	65. 6	188	10. 62	245	707	1266. 6
8	日本	1090. 6	77. 30	34	7. 5	161. 7	138	204. 32	2026	12390	1334. 5
9	哈萨克斯坦	2012. 9	59. 10	36	0. 3	30. 5	81	2131. 74	0	565	1180. 5
10	韩国	528. 4	76. 67	4	14. 6	144. 8	155	94. 52	2637	8405	1300. 5
11	老挝	404	42. 18	141	3. 5	20. 9	142	0	2457	120	541. 2
12	马来西亚	2000	79. 28	24	5. 4	123. 9	68	13. 84	103	5819	1338. 8
13	蒙古	2000	64. 09	191	1. 4	52. 9	101	102. 87	0	60	1263. 5
14	缅甸	2811. 9	39. 80	171	40. 1	23. 5	114	0	0	285	898. 5
15	巴基斯坦	4409. 7	51. 70	192	7. 6	17. 0	94	61. 87	265	992	733. 6
16	菲律宾	2719. 2	64. 08	113	15. 8	47. 8	105	0	742	4409	1104. 0
17	新加坡	1000	80. 01	2	0. 5	128. 2	158	0	3169	700690	1482. 4
18	斯里兰卡	2000	54. 45	111	10. 4	45. 7	127	1. 35	555	534	1350. 7
19	泰国	3871. 7	68. 15	26	6. 2	144. 5	129	31. 61	824	7119	1760. 4
20	越南	4787. 7	59. 70	68	6. 5	130. 7	104	39. 01	850	4259	1256. 2
21	埃及	2321. 7	60. 87	193	7. 4	28. 5	88	38. 40	678	1202	1055. 4

续表

序号	国别	X_{11}	X_{12}	X_{13}	X_{14}	X_{15}	X_{16}	X_{17}	X_{18}	X_{19}	X_{20}
22	尼日利亚	2887.3	54.93	145	28.8	14.2	56	0.77	134	345	759.2
23	南非	1890.6	68.63	82	0.2	65.6	119	1133.42	436	2082	1619.9
24	加拿大	5631.1	83.45	18	0.4	172.7	117	3227.41	574	9140	859.0
25	墨西哥	3748.7	70.46	49	17.0	35.6	103	711.36	568	5854	885.1
26	美国	44011.7	79.95	6	1.1	192.2	76	24687.38	4838	84940	1220.1
27	阿根廷	7639.7	63.02	117	10.4	16.1	152	120.25	159	1831	1398.2
28	巴西	11778.4	59.64	125	5.0	59.7	127	2677.00	929	9640	1130.0
29	委内瑞拉	746.1	54.08	188	351.6	18.8	2	0.81	84	416	766.0
30	捷克	746.1	83.41	30	1.0	51.6	167	135.92	0	545	1189.9
31	法国	6449.6	87.34	31	0.7	101.6	179	228.40	577	6832	1062.1
32	德国	4555.7	86.89	20	1.9	77.7	210	1057.94	1942	11685	1290.9
33	意大利	1624.1	82.15	46	13.7	81.7	214	120.37	1057	2784	1412.9
34	荷兰	2000	90.24	32	4.4	111.8	215	177.70	1280	4277	1205.2
35	波兰	3192.5	78.72	27	12.0	52.7	142	342.66	203	738	1305.4
36	俄罗斯	13114.4	69.06	35	1.1	52.7	81	20113.08	392	8937	1578.9
37	西班牙	1666.0	83.31	28	4.8	105.8	163	78.44	1499	7191	1132.3
38	土耳其	3612.6	70.87	60	12.8	66.5	206	110.30	885	10792	963.5
39	乌克兰	6068.6	70.60	76	0.8	31.1	117	2180.91	59	682	1334.9
40	英国	2300.0	87.23	7	0.7	136.2	192	125.12	1296	15187	1196.3
41	澳大利亚	5004.9	79.29	14	0.7	140.9	123	641.72	764	7426	1126.9
42	新西兰	2000	78.00	194	0.3	142.3	171	0.0	303	1627	1360.0

三、分析结果

采用 SPSS20 软件，对式（4.1）进行假设检验，用极大似然估计方法进行模型系数估计，估计系数的正负和显著性水平表示变量对选择概率的影响方向以及是否存在影响。

在回归分析中，用方差膨胀因子（VIF）来评价自变量多重共线性的程度，评价结果表明模型中的自变量 VIF 值均在 10 以下，平均 VIF 值为 4.35，自变量间不存在多重共线性问题。

对所得数据进行二元 Logistic 回归分析，筛选变量的方式为向前步进似然比检验（向前 LR）逐步回归。在 0.05 显著性水平下，采用 Hosmer-Lemshow 拟合优度，T 检验法对引入方程的变量进行显著性检验。从 Hosmer-Lemshow 拟合优度检验结果（详见表 4-7）分析可知，模型拟合优度较高。分类表数据显示，概率值>0.5 判定为投资，模型预测正确率为 100%。在 0.05 显著性水平下，逐步回归共有 6 步，第 6 步引入的自变量及其回归系数的估计值、标准误、Walds 卡方、自由度、P 值、OR 值详见表 4-8。

表 4-7　Hosmer-Lemeshow 拟合优度检验结果

步骤	卡方	df	Sig.	步骤	卡方	df	Sig.
1	3.333	8	0.912	4	5.536	8	0.699
2	4.014	8	0.856	5	3.358	8	0.910
3	7.024	8	0.534	6	0.00	8	1.00

表 4-8　方程中的变量

	变量	β	S. E	Wals	df	Sig.	OR 值
步骤 6	X_5	-0.348	211.263	0	1	0.999	0.706
	X_7	221.082	11936.873	0	1	0.985	$1.04*10^{96}$
	X_{16}	-2.334	131.68	0	1	0.986	0.097
	X_1	-128.776	6454.457	0	1	0.984	0
	X_8	14.469	1889.479	0	1	0.994	1922114.747
	X_{20}	0.113	15.252	0	1	0.994	1.12
	常量	168.88	13958.672	0	1	0.99	2.21E+73× 2.21×10^{73}

注：步骤 1 至步骤 6 中依次输入的变量为 X_1、X_7、X_8、X_{16}、X_{20}、X_5。

从表 4-8 分析可知，在 0.05 显著性水平下，X_1（人均 GDP）、X_7（人均耕地面积）、X_8（地均用水量）、X_{16}（汽油价格）、X_{20}（移动电话占有量）、X_5（农产品净进口额）六个变量的系数具有统计学意义，符合影响中国海外耕地投资东道国选择逻辑。

四、研究结论

中国企业海外耕地投资具有市场导向型、资源寻求型、降低成本型、分散风险型主要动机。

（1）东道国农产品市场规模因素中人均 GDP、农产品净进口额两指标对中国海外耕地投资东道国选择有显著影响且系数均为负，假设 H_1 得到较好的支持。研究结论与项本武（2009），江小鱼（2018），韩璟等（2018），胡冰、王晓芳（2019）[156]，张宗斌、汤子玉等（2019）[157]等学者的研究结论相同，表明东道国的农产品市场规模与中国耕地投资呈负相关性，因中国企业所具有的所有权优势不足，更偏好人均 GDP 不高、农产品净进口额较低的欠发达国家投资，以突显自身所有权优势。

（2）东道国农业资源禀赋中人均耕地面积、地均用水量两指标对中国海外耕地投资东道国选择具有显著影响且系数均为正，假设 H_2 得到较好的支持。此研究结论与汪晶晶等（2014）、王蕾（2014）、王金波（2019）[158]等学者研究结论相同，验证了中国海外耕地投资具有自然资源寻求动机，符合国际资本移动的理论预期。

（3）东道国营商环境指标中汽油价格对中国海外耕地投资东道国选择有显著影响且系数为负，假设 H_3 得到较好的支持。此研究结论与万凯、卢新海（2018），韩璟等（2018）等学者的研究结论相同，验证了中国海外耕地投资多选择营商环境好的国家，以控制投资成本。

（4）东道国基础设施质量因素中移动电话占有量对中国海外耕地投资东道国选择有显著影响且系数为正，假设 H_4 得到较好的支持。此研究结论与韦军亮和陈漓高（2009），宋维佳和徐宏伟（2012）[159]，陈瑞剑、廖绍攀（2013）实证结果类似，说明东道国基础设施状况对中国直接投资具有显著的促进作用。

第四节 海外耕地投资目标区域

2019 年 11 月 19 日《中共中央国务院关于推进贸易高质量发展的指导意见》提出着力深化与共建“一带一路”国家的贸易合作，拓展亚洲、非洲、拉美等市场。

一、“一带一路”沿线国家，特别是与中国关系友好、政局稳定的国家

2013 年，中国先后提出共建“丝绸之路经济带”和“21 世纪海上丝绸之路”（以下简称“一带一路”）的重大倡议，得到国际社会高度关注。在“一带一路”倡议下，农业国际合作成为沿线 65 个国家共建利益共同体和命运共同体的最佳选择。

“一带一路”沿线国家中，许多国家和地区地广人稀、耕地资源丰富，农业生产条件相对较好，土地密集型农产品贸易潜力巨大，农产品贸易互补性强，农业技术交流合作与农业投资前景广阔。

2017 年 5 月，原农业部、国家发展改革委员会、商务部、外交部四部委发布《共同推进“一带一路”建设农业合作的愿景与行动》指出，促进沿线国家涉农企业互利合作；推动沿线国家之间开展农业双向投资，鼓励本国企业帮助所在国发展农业、增加就业、改善民生，履行社会责任。2018 年，我国与“一带一路”参与国的农产品贸易总额超过了 770 亿美元，农业投资合作项目超过了 650 个，投资存量达到 94.4 亿美元，极大带动了当地粮食、经作、畜牧、农产品加工等产业的发展，促进了各国经济社会的发展。

中国企业已在澳大利亚、柬埔寨、越南、老挝、俄罗斯、印度尼西亚等“一带一路”沿线国家进行了农业投资，建立了粮食经贸合作关系，促进沿线国家的农业资源要素有序自由流动、市场深度融合。

近年来，俄罗斯政府给予农业发展优惠政策，包括农业补贴、减免税

收，以及向农业企业提供低息贷款等。2019 年 6 月 5 日，中国和俄罗斯发表《中华人民共和国和俄罗斯联邦关于发展新时代全面战略协作伙伴关系的联合声明》，宣布致力于发展中俄新时代全面战略协作伙伴关系。商务部、农业农村部与俄罗斯经济发展部、农业部共同签署了《关于深化中俄大豆合作的发展规划》及俄罗斯大麦输华检疫要求议定书等 5 项农产品准入协议，两国的农业合作正在稳步加深。

二、撒哈拉以南非洲地区

中国与非洲农业资源互补性极强，在中非农业合作的基础上，开发利用非洲土地资源应当成为中国资源发展战略的重要选择。从 1959 年向几内亚政府提供无偿粮食援助以来，支持非洲农业发展和粮食安全是中非合作的优先重点领域。2006 年《中国对非洲政策文件》指出，中国将重点加强在土地开发、农业种植、养殖技术、粮食安全、农用机械、农副产品加工等领域合作；加大农业技术合作力度，积极开展农业实用技术培训，在非洲建立农业技术试验示范项目。[①] 2009 年，我国已经与 40 个非洲国家签订了“贸易协定”、与 20 多个国家签订了“投资保护协定”、与 8 个国家签订了“避免双重征税协定”。[②] 截至 2016 年，中国共帮助 50 多个非洲国家实施近 500 个农业援助项目，包括成套项目、技术援助项目、物资项目等，涉及农业种植、粮食仓储、农业机械、农田灌溉及农产品加工等领域。

中国已开展海外耕地投资的非洲 34 个东道国中人均耕地面积为 0.22 公顷/人，远超我国 0.09 公顷/人，位于撒哈拉沙漠以南的马达加斯加、乍得、赞比亚、马里、南非等国，自然条件优越，适合进行农业生产。[③] 2017 年 12 月世界银行发布的《全球经济展望》表明，撒哈拉以南非洲地区经济增长速度为 2.4%，显著高于 2016 年 1.3%的经济增长速度。得益

① 徐鸣．基于“资本三要素”视角的中非农业合作分析［J］．国际经贸探索，2010，26（9）：46-50.

② 俞毅．论我国对非洲跨国农业投资的战略构建［J］．农业经济问题，2009（11）：33-38.

③ 卢新海，韩璟．当前非洲海外耕地投资东道国耕地投资潜力评价［J］．中国土地科学，2014（1）：82-90.

于发达经济体增长加快、国际原材料价格温和上升、地区宏观经济形势改善措施逐步显现成效。

非洲区域内外的经济和政治不确定性因素多，经济长期积累的历史性、基础性消极因素依然存在，非洲投资应该做好投资选址论证，避免到粮食单产水平整体较低，投资环境较差的加蓬、布基纳法索、莫桑比克等国投资。

三、拉丁美洲

拉美地区的阿根廷、乌拉圭、巴拉圭、巴西、玻利维亚、哥伦比亚耕地资源开发潜力大。近年来，受国际市场需求不断减少、生产资料成本上升和气候条件逐渐恶化影响，巴西、阿根廷、乌拉圭、巴拿马和委内瑞拉等主要农业国的农业生产出现了滑坡。拉美各国纷纷采取措施加大对农牧业生产的扶持力度，积极开展国际和区域合作，参与世界粮农组织实施的28个农业项目。

截至2017年年底，我国与拉丁美洲之间形成了“中拉全面合作伙伴关系+全面战略伙伴关系+战略伙伴关系+多种友好关系”立体化大格局，其中，中国与巴西、墨西哥、阿根廷、智利、秘鲁、委内瑞拉、厄瓜多尔7国建立了“全面战略伙伴关系”，与哥斯达黎加、乌拉圭建立了“战略伙伴关系”。①

政府将耕地投资纳入国际粮食安全合作体系内，将耕地投资与粮食贸易、减贫、设施投资、共同粮食市场建设等领域相结合。企业充分做好海外耕地投资项目前期可行性论证，围绕优势农产品区域布局规划，选择合适的投资区域及投资模式。

① 中华人民共和国商务部《中国对外投资发展报告2018》.

第五章
海外耕地投资企业风险防控

第一节　海外耕地投资企业战略风险识别

一、企业战略风险因素

战略风险管理是企业在海外耕地投资战略选择、实施、控制、评价的过程中对不确定条件下的风险行为做出的反应，包括战略风险识别、评估、控制及管理效果评价。

常用战略风险要素识别方法有战略风险地图、流程图法、风险专家调查列举法、资产财务状况分析法、投入产出分析法、背景分析法、分解分析法、失误树分析方法、环境分析、保险调查、事故分析等。本研究在综合战略管理理论中的产业组织模式、资源基础模式及约翰逊-斯科尔斯的综合模式三种战略管理模式基础上，结合国内外耕地投资实践案例，采用文献研究法、案例分析法对中国企业海外耕地投资战略潜在风险因素进行初步设计。

战略风险因素是对企业发展战略目标、资源、竞争力或核心竞争力、企业效益产生重要影响、增加或引起风险事件发生频率和大小的因素。通过战略风险因素识别能准确地辨别出可能影响企业海外耕地投资战略目标实现的风险事件及风险事件产生不利结果的条件、情况、原因和环境，并对风险事件发生概率、影响程度及损失进行分析和估量。

海外耕地投资战略包括战略规划、战略实施、战略控制、战略修正四个过程（如图5-1所示）。战略风险主要产生于战略的规划和实施过程中，主要风险因素包括：

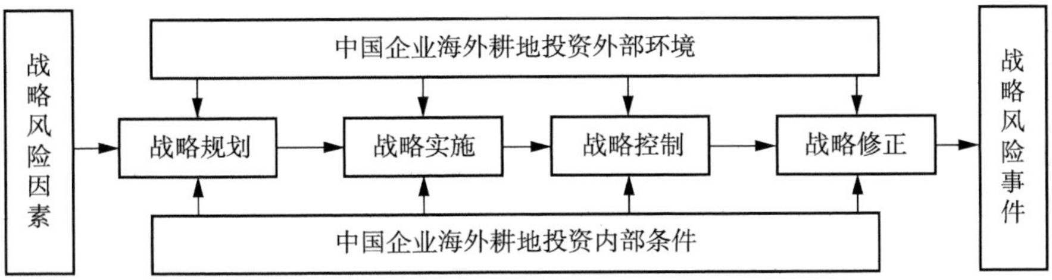

图5-1　战略风险管理过程

（一）战略定位不清晰

全球耕地投资类型分为资源寻求型、市场寻求型、效率寻求型、全球战略型四类，中国企业海外耕地投资核心目标应是抢占全球农业资源与市场，获取更多的超额利润。战略定位决定了企业的目标市场与经营范围、企业能力和资源组合方式、发展路径。由于不同东道国经济发展水平、经济结构、工业化水平、市场规模各不相同，战略定位风险来源于战略发展方向、指导方针和指导思想与企业资源和能力及行业的发展规律不匹配，战略定位不准可能造成企业不能达到预期战略目标。

（二）战略目标不明确

战略目标是企业在复杂的环境中对投资活动的预期与规范，战略目标的选择包含着企业对生存与发展环境的选择及环境对企业活动的制约，取决于企业所拥有的资源、企业自身经营成效、市场竞争压力等因素。战略目标的选择性、整体性、风险性等内在的规定性与预期性，都将通过企业活动的被规范过程而逐一体现。

战略目标选择是否合理，直接决定战略目标对组织产生的激励程度。中国企业海外耕地投资目标应该是明确的、可衡量的、能够达成的（如年度经营目标、利润率、投资回收期限、市场占用率等），战略目标不明确、远景不清晰，将影响战略方向、目标定位、战略路径及投资模式选择，最终导致整体战略失败。

（三）战略执行无效

战略实施（strategic implementation）是通过行动计划、预算与操作规程的开发，把战略与政策导向行动，从制定职能策略、构建企业组织机构、领导者的素质（能力）与战略匹配三个方面推进。战略实施受到资金预算、组织政策、激励系统、企业文化、市场竞争变化、流程履行质量、未来能力积累等众多因素的影响。

中国企业海外耕地投资战略的实施与各级领导人员的素质和价值观念、企业的组织机构、企业文化、资源结构与分配、信息沟通、控制及激励制度相关。战略执行无效源于企业战略沟通不足、共识缺乏、部门及个人目标同战略联系少、短期决策与战略相关性差、反馈学习和战略关联性弱等，战略执行无效将导致企业绩效达不到预期战略目标。

（四）战略决策失误

战略决策是解决全局性、长远性、战略性的重大决策问题的决策，具有复杂性、决策环境的不确定性、战略思维的整体性、外部环境的依存性特性，战略决策风险主要源于环境变化。中国企业海外投资战略决策依据包括行业机会、竞争格局、企业能力等，决策过程是通过“博弈”或“妥协”实现决策主体与利益相关者利益均衡的过程。战略决策受到决策者的决策素质、科学决策机制、投资项目进入障碍等因素影响存在不确定性，由于各东道国的经济、政治、文化、习俗等各方面差异，投资企业在不同的国家和社会环境下活动，如果经营方针不明确、信息不充分、对业务发展趋势判断失误，易造成投资区位选择、投资品种选择、进入模式失误风险。

二、外部环境因素

企业环境是影响企业做出对外耕地投资战略性决策时不可控制的全部条件的总和，主要分为总体环境、行业环境、竞争优势三个层次。(1) 总体环境（general environment）：包括影响投资企业的各种因素，主要有人口、经济、政策、法律、社会文化、技术和全球化。（2）行业环境（industry environment）：是能够直接影响企业竞争行为和反应的因素，产业竞争强度的高低由企业五种竞争力（新进入者的威胁、供方力量、买方力量、替代品以及当前竞争对手之间竞争的激烈程度）决定，行业环境对企业战略竞争力与超额利润具有更直接影响。（3）竞争优势：企业核心竞争能力形成公司的竞争优势，当企业运用技术、管理、品牌、劳动力成本等独特的资源、能力和核心竞争力实施其战略时，企业竞争优势将增大；当公司竞争能力不能有效支持战略实施时，便产生战略风险。

中国跨国耕地投资企业所面临的来自世界经济政治环境、国际环境、东道国宏观环境、产业环境、微观关系网络等方面压力，外部环境具有动态性与混沌性。环境剧变将对公司战略、战略资源、竞争优势、公司业绩等方面带来影响，产生战略风险。外部环境风险因子详见表 5-1。

表 5-1 外部环境风险因子

风险类别	主要影响因子
国际政治经济风险	全球性通货膨胀、通货紧缩、能源危机、跨国游击战争、国际恐怖主义、世界舆论、撤资压力
东道国政治风险	战争和内乱、国家主权、国有化、政策变动、资金转移、政府干预、政府违约、汇兑限制
法律风险	合同合规性、合同监管、土地产权
汇率风险	交易暴露、换算暴露、经济暴露
社会文化风险	社会稳定性、社会安全性、文化素质水平、语言差异、宗教与社会风俗、贿赂和腐败、文化差异、犯罪和缺乏安全保障、疾病、民间欠友好
自然风险	地震、海啸、洪水、冰雹、飓风、干旱、土壤质量、灌溉用水、气候变化

（一）国际政治经济风险

国际政治经济风险是指因突发性国际政治经济事件直接引起国际投资环境的变化，影响企业对外直接投资的现金流量、利润及其他目标实现的可能性。国际政治经济风险因素有全球性通货膨胀、通货紧缩、能源危机引起的减资、商品价格波动、跨国游击战争、国际恐怖主义、世界舆论、撤资压力等。国际政治经济风险产生的根源主要有：国际政治经济形势多变、世界经济的增长与衰退、区域保护、区域内部协调、第三国的干预、民族主义和宗教矛盾、各国内部的利益集团和非政府组织的政治参与等。①

耕地资源属于一国重要性资源，中国的海外耕地投资极易遭到部分国家的质疑与反感。境外耕地投资面临“新殖民主义”“中国威胁”“大国扩张”等政治障碍，部分西方国家把中国当成主要竞争对手，对中国企业采取歧视性政策，使中国企业境外投资的门槛提高、成本加大和风险上升。

（二）东道国政治风险

东道国政治风险主要有：战争和内乱风险、国家主权风险、国有化风险、政策变动风险、资金转移风险、政府干预以及政府违约风险。目前，多数东道国没有建立正式的土地交易市场，投资项目多属东道国政府（官员）暗箱操作，项目政治风险大。(1)政府干预：关税、配额、政府（准政府）实体向本地企业优先购买、研究开发与原材料本土化、保护当地企业的特殊税收优惠、劳工政策及经营法规等政府干预弥补市场失灵的常用手段。(2)汇兑限制风险：东道国政府基于某种理由禁止或者限制投资者将投入本国的资本金、投资收益等资产自由兑换成国际货币并移出东道国境外的风险。② 在部分实行固定汇率的发展中国家，东道国政府外汇储备不足，外债负担沉重，外汇收入结构不合理，汇兑限制发生的概率较高。③(3)战争和内乱：现有耕地投资东道国多数属缺粮国家，其粮食不安全因素来源于不负责的政府、国内暴力冲突及自然灾害三方面。耕地投资回收期长，东道国一旦发生国内政局动荡、宗教冲突、派别斗争、国家边界间战争或者其他骚乱，将严重影响农产品的需求、价格、供给，使投资企业利益受损。(4)征收与国有化风险：根据国际惯例，资源所有国拥有对自然资源的所有权，在世界市场资源价格不断走高的趋势下，东道国政府易采取征收、征用、国有化、没收或类似手段，停止土地使用权或禁止投资

① 金英姬．主权财富基金困境因素分析［J］．当代亚太，2011（1）：108-135.

② 张凡．我国能源海外直接投资政治风险法律防范［J］．合作经济与科技，2011（3）上：120-121.

③ 王景波．投资保险：防范海外投资风险的利器［J］．国际融资，2008（8）：45-47.

人对粮食作物收获权，致使投资企业相关权益遭受损害。（5）东道国政府违约：东道国政府非法解除、非法违反或不履行与投资者签订的合同。当东道国与其他国家出现战争冲突或突发事件等不可抗力，原有的合同也难以履行。

（三）法律风险

法律风险主要体现为各国文化、制度、社会环境、利益差异等导致的合同行为的合规性风险与监管风险。法律风险来源于：国际投资尚未形成统一的国际规范、东道国立法的不完备和执法歧视、中国国内相关法律制度不健全、企业海外经营法律意识不强。

海外耕地投资所面临的环境是多元的，中国企业在不同经济发展阶段和不同经济体制的各类国家或地区进行耕地投资，必须了解各国法制健全程度、法律体系熟悉程度和诉讼成本等，处理与不同国家或地区对外法律、政策的矛盾。东道国对外合作管理体制的改变，税制、税法的改变，对利润汇出、利润再投入和兑换的管制细则变化等都会带来法律风险。在土地产权方面，拉美地区和非洲长期缺乏法制文化，法律机制不完善，多数东道国没有建立正式的土地交易市场，土地产权存在争议，易引发群体冲突甚至政治动荡。以非洲为例，具有正式土地产权的土地仅占土地总面积的2%~10%，多数土地处于习惯土地产权（Customary Land Right）或未确权状态。[①] 由于土地投资契约双方关系的不对等，东道国制度在改革、变迁和实施过程中常动用隐性的外汇、财政、经济保护主义等政策，甚至修改法律来限制投资者的投资收益。

（四）汇率风险

汇率风险是指由于汇率不确定给对外投资企业当期业务的即期或近期现金流量产生影响的可能性。汇率风险来源于：国际金融市场环境与国际收支状况、东道国外汇（货币）政策与金融市场、中国外汇管理体制及政策。随着人民币汇率机制的改革，汇率风险更加凸显，影响汇率变动的因

① 黄善林，卢新海．当前国际上海外耕地投资状况及其评析［J］．中国土地科学，2010，24（7）：80-85.

素有：国际收支状况、GDP 增长、相对通货膨胀率、利率、外汇储备、税收政策变动、价格管制等。汇率风险变动对海外耕地投资企业的影响主要表现为交易暴露、换算暴露和经济暴露三方面。（1）交易暴露：海外耕地投资企业预期的现金流量因汇率的不确定变动而面临的不确定性。（2）换算暴露：以外币计价的企业会计科目，因汇率变动引起账面价值的不确定变动。（3）经济暴露：因汇率变动影响到东道国的投资环境，使企业的成本结构、销货价格、融资能力等受到影响。

（五）社会文化风险

社会文化是指企业所在社会中成员的民族特征、文化传统、价值观念、宗教信仰、教育水平以及风俗习惯、人们对待工作的态度及人口特征等因素。社会文化风险主要包括社会稳定性、社会安全性、文化素质水平、语言差异、宗教与社会风俗、贿赂和腐败、文化差异、犯罪和缺乏安全保障、疾病、民间欠友好。①

跨国公司是跨国体、跨民族、跨政体、跨文化的企业，多元文化因素对跨国公司的影响是全方位、全系统、全过程的。跨文化风险是指母国与东道国之间的语言、风俗习惯、价值观、宗教信仰等方面不同，造成的交流障碍给企业投资带来的不确定性。境外耕地资源投资企业不仅要面对东道国环保法律、劳工政策、工会力量的巨大挑战，更要面对源于政府行政干预、当地公众利益诉求、顾客需求差异化、商务惯例和禁忌、竞争模式差异化等方面压力。

（六）自然风险

自然风险是指由于自然因素所导致的不确定性，包括气候条件、土壤肥力、病虫害等因素。农业生产是自然再生产和经济再生产的统一，具有地域性、季节性、周期性特点，农业生产的抗风险能力弱。目前，全球每年与气候相关的自然灾害大概发生 600 次，粮食生产过程中经受多种自然灾害（地震、海啸、洪水、冰雹、飓风、干旱、病虫害）影响，土壤质量、灌溉用水源的短缺、全球变暖及环境污染等因素直接影响农作物生

---

① 万军杰．海外港口建设项目风险预警管理系统研究［D］．武汉：武汉理工大学，2008.

长，增加农业企业的投资风险。

三、战略资源因素

跨国公司全球持续竞争优势理论认为，资源是跨国公司进行国际竞争的核心。战略资源是指企业内部所拥有的，能满足企业战略发展要求的实物资源、人力资源、社会资本、组织资本的投入，是构成企业战略竞争能力和形成持续竞争优势基础的必要条件。资源决定企业的效率，过分强调资源的保护，过于强调短期财务绩效、组织内部政治事务，含糊不清的战略目标，不愿承担风险和缺乏足够的知识等影响资源配置，必须保持资源和战略相匹配，达到最佳的资源组合。

企业资源通过一定的转化机制形成竞争能力，转化机制对组织管理和战略的支持程度或不和谐程度是重要的战略风险因素。中国对外耕地投资企业竞争优势取决于企业所处产业长期盈利潜力与市场地位，企业现有资源的灵活性、闲置资源的可利用性及潜在资源的可创造与积累性，受到资源的用途范围、转换资源用途的成本和所需时间三个因素影响。战略资源风险影响因子详见表5-2。

表5-2 战略资源风险影响因子

风险类别	主要影响因子
实物资源风险	企业劳动力、劳动对象（厂房、设备、原材料）
人力资本风险	员工的素质和能力的不佳、员工与雇主之间的利益冲突
技术资本风险	技术上的不完善、技术失败、技术先进水平、技术适用性、技术与项目的相关性、管理软硬件欠缺
社会资本风险	政府、社会公众、媒体等相关利益者之间的关系 员工间和部门间的信任和行为规范
财务资源风险	资金筹集风险、资金运行风险、资金回收风险、财务管理风险
技术资源风险	技术含量、专利、商标、版权、商业机密

（一）实物资源风险

实物资源指客观存在的、稳定的并能为人们察觉和可利用的自然资源衍化形态，具体表现为生产要素中的劳动力资源和劳动对象。实物资源风险主要表现为水资源和土壤的质量、环境污染对水土质量的影响。土地资源的稀缺性、肥力的可变性及用途的选择性都隐含着投资风险。

（二）人力资本风险

人力资本是对人力资源进行开发性投资所形成的可带来财富增值的资本形式。企业所拥有的技术与知识，通常以企业内部的人力资本对信息和知识的开发、传送和交流。人力资本投资成功时企业员工拥有持续学习的能力，能持续地通过产品创新实现企业顺利发展。人力资本风险源于员工的素质和能力的不佳、员工与雇主之间的利益冲突等。

农业生产是一个经济再生产和自然再生产相互交织的过程，粮食作物需要精耕细作、大量的田间劳动。随着全球城市化加速，全球可能面临农业劳动力和技能缺失的风险。

（三）技术资本风险

技术资本是在生产、工艺和支持领域内可再生产的能力，对产品与服务起直接支持作用。受到社会、经济、文化等方面因素的制约，农业技术不但具有社会、自然属性，还具有区域适应性。农业技术的推广与运用，受到世界各国农民人力资本投资和外部环境影响。如非洲部分国家生产条件相当落后，农民技能差，生产工具简单，化肥和农药的使用量低，水利灌溉设施也较差，国际援助机构曾大规模推广应用农机化技术但效果并不明显。①

海外耕地投资技术资本风险来源于企业运营过程中农业技术的不完善或技术失败、农业技术与知识传播效果、新产品生产及技术开发时机的不确定性、技术先进水平、技术适用性、技术与项目的相关性等方面。

随着全球范围内耕地与水资源的减少，全球农业将面临更加艰巨的技术挑战，海外耕地投资战略风险控制难度加大。

（四）社会资本风险

社会资本指企业战略实施过程中对企业价值产生影响的实际（潜在）

---

① 王晨燕．对非洲农业援助新形式的探索［J］．国际经济合作，2008（4）：35-38.

的资源集合体，包括有助于企业完成任务和为客户和股东创造价值的各种内外部关系。

中国海外耕地投资企业的社会资本可分为企业外社会资本与企业内社会资本。（1）企业外社会资本：企业通过构建、维护与相关利益者（政府、社会公众、媒体等）之间的关系，以社会网络资本为中介融合金融资本、人力资本，社会文化资本从外部获取稀缺资源的能力。（2）企业内社会资本：企业内员工间和部门间的信任和行为规范，企业内社会资本可以增强生产要素组合的效率，加强企业成员的信任与合作，促进企业各部门间的沟通与协调，增加人力资本和实物资本的回报。良好的社会资本有助于企业降低经营风险、增强创新能力、减少监督成本和信息成本、提高工作效率、增强企业核心竞争力。

（五）财务资源风险

投资企业财务状况受筹资时间、资金数量、货币种类、资金来源、负债结构、融资成本、价格转移与合理避税等因素影响，存在较大财务风险。财务资源对投资企业战略影响表现为充足的资金对公司战略目标起促进作用，资金短缺对战略目标的发展形成制约。

中国对外耕地投资企业财务资源风险表现为：（1）资金筹集风险：海外耕地开发项目投入大、回报周期长、风险高的特点，没有强大的资金做后盾，很难实现规模效应。（2）资金运行风险：企业应按投资计划合理安排项目资金，东道国信贷紧缩将导致企业的经营流动资金吃紧，对资金量的需求相应增加；如果所在国实施资本项目管制，境外企业与境内企业间的资金流动链条将断裂。（3）资金回收风险：农业的自然属性决定了耕地投资项目的回收周期长、固定资产的资金投入量较多的特点，如果项目选择不好、后续资金投入不足、偶遇突发性事件、遭遇自然灾害或回收期超过预期都会造成农业企业的资金回收风险。（4）财务管理风险：主要表现在企业财务制度与东道国会计体系存在差异、企业资本结构失衡、利率波动、信用缺失等方面。

四、竞争能力因素

企业能力分为企业的核心能力、职能能力和拓展能力三类：（1）核心能力：企业竞争优势来源的资源和能力，可分为战略管理能力、核心制造能力、核心技术能力、核心营销能力、企业组织及界面管理能力。（2）职能能力：企业完成特定活动的能力，可以从企业实力、竞争需要、能力大小、能力的未来价值等角度来判断。（3）拓展能力：企业核心能力和职能能力延伸出来的公司管理、信息管理、研发、生产和制造、营销及服务能力。

迈克尔·波特在《国家竞争优势》一书中指出，竞争优势的持续力取决于特殊资源的优势、竞争优势的种类与数量越多越好、竞争优势的持续力三项重要条件。影响中国海外耕地投资战略的企业竞争能力风险因素主要体现为：

（一）战略领导力差

战略领导力是一种可以进行预期、想象、能保持灵活性并促使他人创造需要的战略改变的一种能力。海外耕地投资企业战略管理者担负着企业的战略决策、计划、组织、控制等职能，必须具有战略思考能力、交易决策能力、关系管理能力、变化管理能力。高层管理者需要全面掌握企业内部管理知识及外部环境，建立一支高效的管理团队，具备运作内部组织的能力及处理企业与股东和竞争者关系的能力。

（二）知识转化与吸收能力差

知识吸收能力包括知识获取、消化、转型、利用能力四个层面。先验知识、研发投入程度、学习强度、学习方法、组织学习机制影响知识吸收能力。知识的性质和内容、知识供给主体传递知识的能力、知识需求主体的学习能力和消化吸收能力、知识的互补性、对知识扩散成本与利益的预期，以及知识转移的社会环境因素等影响企业知识扩散速度。

企业能力是利用有形或无形资产创造新资源和独特竞争优势的知识或技能，表现为组织的学习和创新力。企业与外部知识源的沟通交流主要取决于企业自主经营、自主创新的愿望及从外部获取知识的方式，企业的竞争优势在于知识转移能力。如果企业缺乏中外农业合作的知识积累机制与适应规划发展要求的知识管理体系，将直接影响公司竞争优势的发挥与新的核心竞争能力形成，影响公司经营目标达成。

（三）技术创新能力不强

创新是竞争优势的来源，技术优势成为推动企业成长与发展的一个主要原因和重要基础。农业生产需要经过翻地、播种、收割、喷洒农药、灌溉等多个作业环节，科技进步对促进农业劳动生产率、粮食增产方面发挥着重要作用。随着世界范围内耕地与水资源的减少，农业生产对动植物病虫害流行与侵害、农业生态环境治理、环境污染、水资源利用、土壤流失等相关的技术要求得更高，高新技术在农业领域的应用与竞争日趋激烈，耕地投资项目中具有先进技术、高级管理和生产组合的企业将更具竞争力。如果投资企业在农产品质量控制、新品种开发等方面不具备技术优势，则企业经营风险大。

（四）跨文化管理能力弱

战略和文化互有重叠、相互影响，文化决定战略，战略改变文化。跨国投资企业文化冲突表现为业绩下降、人才流失、士气低落等，有效的跨文化管理能降低企业跨国经营中的文化冲突，实现跨国公司对东道国的经济环境和文化环境的双重适应，通过文化适应走向经济融合，已成为跨国公司健康发展的重要保证。跨文化管理已经成为中国企业走出国门的最大瓶颈之一。

跨文化管理即表现为不同文化间的冲突（离散）过程与交汇（融合），跨文化管理能力直接影响到企业在区域市场的竞争力、竞争优势和持续性发展能力。中国投资企业必须具备跨文化交往和管理的知识以及驾驭文化差异的能力，克服文化差异给交流和管理带来的障碍。在海外农业投资活动中，应尊重各国相关法规和政策，尊重其文化和习俗。如果企业既没有具有导向、激励、协调性的企业文化，又无较强的跨文化管理能力，则海外投资活动实施会更为困难。

五、组织结构因素

组织结构（organizational structure）是企业正式的报告关系机制、程序机制、监督和治理机制及授权和决策过程。组织结构从分工与协作的角度规定企业高层组织结构（股东会、董事会等）和执行层组织结构（中层、基层组织结构）各成员间的业务关系。在全球经济快速发展和动态竞争不确定性环境下，企业战略资源必须借助于企业的组织能力转化为竞争优势。

中国企业在参与全球农业一体化中面临的主要问题集中表现为怎样适应农产品价值链中的全球化、私有化与垂直协调问题。当组织结构要素能够和其他战略要素结合时，能推动企业战略的有效实施，组织结构与战略不匹配引起的战略风险主要来源于：

（一）组织结构设计不当

组织结构是有效战略实施过程中的重要成分，企业战略和组织结构间的交互作用关系表现为：管理者的战略选择规范着组织结构的形式。管理者通过调整组织结构适应外部环境的变化，通过学习创新主动制造变化，有效化解企业风险。

公司内部存在监督成本、激励弱化成本、信息成本、官僚失灵成本等协调成本和控制成本，组织结构只有与环境相匹配，才能真正发挥其潜在优势，推动企业战略的有效实施，战略与组织结构相匹配才能实现战略目标。当环境、战略或公司规模发生变化时，组织结构如不相应调整就会导致竞争力的下降。在环境冲击一定的情况下，战略风险的大小取决于组织调适的程度，调适不足与调适过度都可能形成风险。

由于全球动态竞争环境带来的因果关系的不确定，合理的组织结构有助于降低组织与环境重复博弈带来的消耗，减少组织与环境交互作用的不确定性，提高组织效率。① 组织结构不适应性易造成组织内部信息系统不

① 尚直虎. 组织结构的效率和合法性——高新技术企业组织结构影响因素分析［J］. 中国高新技术企业，2010（1）：4-6.

畅通、协调不良、交流困难；职位、权力、责任相脱节，内部摩擦；增加协调成本，影响组织决策效率和效果，形成组织结构惰性。

（二）公司治理结构不当

公司治理是用来管理利益相关者之间关系，决定并控制组织战略方向和业绩的一套机制。公司治理结构规定不仅规定着公司的各个参与者（董事会、经理层、股东和其他利害相关者）的责任和权力分布，而且明确了决策公司事务时所应遵循的规则和程序。

公司治理的核心是寻找各种方法确保有效地制定战略决策。所有权与经营权分离、合理分散股权，确立股东大会在公司治理中的核心地位是公司治理结构主要因素。我国对外耕地投资仍以国有企业为主，企业治理结构上存在缺陷，包括所有者和经营者在目标取向方面存在扭曲、责权不对称、对企业经营者的激励和约束不足，缺乏效率和国际竞争力。[①] 建立一个激励与约束相结合的经营机制，充分调动海外企业职工的积极性和依法规范职工在生产经营中的行为是海外项目取得预期效益的可靠保证。[②] 如果企业的公司治理结构安排不当会出现权力失衡、利益失衡和战略失衡，其结果势必影响企业的生存与发展。

（三）战略柔性不足

战略柔性是企业应对不断变化的竞争环境所带来的各种需求和机遇时的调适能力，包括资源柔性与运用资源时的协调柔性，战略柔性的目标是提高企业在复杂动态环境下的整体竞争优势。

组织结构柔性来源于组织内部的要求、组织结构弹性、组织成员对变化的适应性及组织外部的竞争状况、技术变化及社会变革等。企业在运营的各个领域都应该发展战略柔性，企业与动态环境相适应、产品多样性和快速推出新产品、吸引和留住高素质的员工、面向目标市场开展营销活动、涉足成长期市场、尽量靠近顾客等是企业获得成功并实现高成长必要

---

① 张琦．中国企业对外直接投资风险识别与防范［J］．国际经济合作，2010（4）：53-56.

② 韩相山．如何开发非洲农业市场［J］．瞭望新闻周刊，2000（40）：40-41.

条件。[①]

为更有效地实现企业战略目标，在动态的环境下，主动适应变化、利用变化和制造变化以提高自身竞争能力，中国海外耕地投资企业应该制定一组可选择的行动规则及相应方案。只有企业战略具备了可持续性、可调整性、可转移性和可创新性，企业才能实现健康成长。

六、运营流程因素

运营流程指为企业战略实施人员提供明确指导方向，领导者在制订计划的过程中要考虑到运营流程中可能出现的问题，并制订出一份能够将战略和人员及结果联系在一起的运营计划。运营流程始于营业收入、营业利润、现金流量、生产力、市场占有率等关键性目标的确认，运营流程风险源于企业业务和管理流程中的薄弱环节。

耕地投资企业的运营流程指将研究开发、生产运作、市场营销、采购配送等所有资源转化为产品和服务的过程，流程有效性、流程效率、流程周期和服务是反映内部流程状况的关键指标。[②] 运营流程管理的焦点是技术管理、质量管理、进度管理、交货期管理、成本管理及资源要素管理。流程风险来源于企业的协作能力、组织管理能力和资源整合与运用能力。

（一）运营计划不当

运营计划指的是一个项目向正常目标前进所需要制定的有预见性的进程性计划。运营系统的构成要素有结构化要素（工艺流程、布局、生产能力及运营系统集成）和非结构性要素（人力资源策略、生产计划策略、库存策略及质量策略），实现企业运营条件包括：产品生产条件、技术可行性、组织生产（交付产品）能力、管理经验效应等。

世界大多数待开发耕地所在国的农业基础设施薄弱、灌溉系统缺乏、交通不畅。跨国投资中存在时间成本、运输成本、贸易壁垒、国家风险、

① L. J. Gerstanfeld, D. Cooper and Kleinchmidt. Strategic goal, perceived uncertainty and performance in volatile environments. Academy of Management Journal, 1985, 28 (3): 548-573.

② 汤奇．企业战略实施预警研究［D］．西安：西安理工大学，2005.

市场差异，加大了投资区位选择难度。在全球市场中，投资企业面临着缩短交货期、提高产品质量、控制生产成本、改进服务等多重压力。有效的运营管理能保证实现企业目标，全面完成运营计划，能实现流程优化与管理规范化、加强对企业运营监管力度、降低经营成本、优化资源分配、及时信息交流、提高销售网络的忠诚度、高水平客户服务。

（二）市场占有率下降

我国对外耕地投资多在小规模分散经营的条件下进行的，因农业生产周期长、季节性强、生产和需求弹性小，难以对国际粮食市场供求变化及时做出反应。海外耕地投资的市场风险主要源于农产品在生产和购销的过程中由于市场行情的变化、消费需求转移、经济政策的改变等不确定因素所引起的实际收益与预期收益发生偏离的不确定性。（1）能源价格上涨：随着全球石油和煤炭等不可再生能源存量的持续下降，众多国家开始鼓励使用来自农产品的生物能源代替传统能源，导致农产品价格直接与持续上涨的国际能源价格挂钩。[①] 能源价格上涨直接导致农业生产中投入的化肥、种子、杀虫剂、灌溉、运输等成本增加，减少粮食生产的比较效益。（2）农产品市场供求变化：农业生产具有地域性、季节性、周期性特征，农产品的生产受自然环境的影响较大，供给具有周期性和有限性的特点。海外耕地生产的农产品受东道国和国际市场消费习惯、收入和需求弹性供求变化双重影响，供需存在时间、数量、品种上的差异。

（三）供应链管理不当

供应链是围绕核心企业，通过信息流、物流、资金流将供应商、分销商、零售商直到最终用户连成一个整体功能进行计划、协调与控制的管理模式。供应链管理包括公司战略层次、战术层次和作业层次的活动，涉及供应链网络设计、战略伙伴选择、运输策略、库存策略等方面。

中国企业供应链管理中存在的普遍问题为：对供应链管理认识不足；企业内部未实现集成化管理；重视客户关系，忽视供应商关系；缺乏公

---

① 中国商务部．国际农产品价格新一轮上涨原因［EB/OL］．http：//www.21food.cn/html/news/12/625427.htm.

平、合理的绩效评价系统与利益分配机制；缺乏供应链管理高级人员。

依据科学性、可行性、系统性、层次性、代表性、适度性原则对战略风险影响因子进行了初选，经过多次征询专家意见，在战略风险因素识别基础上构建出包含6类一级指标、27个二级指标的中国企业海外耕地战略风险综合指标体系，详见表5-3。战略风险评价指标体系具有普遍性，在实际应用中可根据投资企业的具体情况进行指标取舍，指标体系建立要求同层各因素之间相互独立，不存在依赖关系。

表5-3 中国企业海外耕地战略风险综合指标

一级指标	二级指标
企业战略	战略定位不清晰；战略目标不明确；战略决策失误；战略执行无效
外部环境	国际政治风险；战争与内乱；东道国政府违约；征收与国有化；法律风险；汇率风险；社会文化风险；自然灾害风险
企业资源	实物资源不足；人力资本缺乏；技术资源落后；社会资本不足；财务资源不足
竞争能力	缺乏战略领导能力；知识转化与吸收能力差；技术创新能力不强；跨文化管理能力弱
组织结构	组织结构的适应性差；公司治理结构不当；战略柔性不足
运营流程	运营计划不当；市场占有率下降；供应链管理不当

第二节 海外耕地投资企业战略风险评价

一、战略风险评价理论模型

中国企业海外耕地投资战略风险指各类中国企业在海外耕地投资整个战略过程中，由于战略要素在不同环境下的综合作用影响企业经济绩效和持续发展，致使企业海外耕地投资战略目标无法实现的可能性。

战略风险定性分析方法主要有调研法、主观判断差异法、系统思考等，定性评价指标包括战略内部一致性、战略与环境的平衡性、注重评价风险性、战略时间上的相对稳定性、战略与资源的匹配性、战略的可操作性和可行性共六种。

战略风险定量评价的方法主要有：（1）资本资产定价模型（CAPM）方法：以CAPM方法为基础的战略风险定义的核心是股票收益的变化。（2）变化的方法：Silhan和Thomas提出一种绝对百分比差方法（Absolute Percentage Error）[160]；Hoskissonetal提出夏普法[161]；Bettis（1990）提出通过对收益的历史数据进行多维度分析来确定风险水平的方法[162]。（3）James M. Collins等人提出的状态确定方法[163]，强调评价企业竞争地位的下降以及下降的幅度构成的战略风险。（4）以损失为基础的风险管理方法（VaR方法）：20世纪90年代起，VaR（Value at Risk）被提出并逐步兴起。（5）财务指标法：将企业风险简单归结为企业内部具体风险要素的变化，依靠资产负债率、资本密集度、生长率、经济效益、产品质量、研发效益、销售利润、成本费用等财务进行风险评价。（6）计量模型：主要有模糊综合评价、神经网络（ANN）、基于概率统计的风险度评价、层次分析法（AHP）、灰色关联度分析、数据包络法（DEA）、可拓评价等数学方法。

国际政治风险研究主要有宏观分析法、宏微观分析法和微观分析法三种：（1）宏观分析法：Howard C. Johnson（1966）的失衡发展与国家实力模型[164]，Harald Knudsen（1974）的国家征收倾向模型[165]，Dan Haendel、Gerald T. West和Robert G. Meadow（1979）的政治制度稳定指数等[166]。（2）宏微观分析法：Raymond Vernon（1983）的渐逝协议因素，Wenlee Ting（1985）的渐逝需求模型[167]，Richard D. Robinson（1990）的产品政治敏感性测定等[168]。

中国学者雷涯邻、徐向阳、潘锡辉（2004）指出对外矿业投资环境评价方法有：罗伯特·斯托伯的等级尺度评估法、心理评估法、冷热国对比法、相似度法、雷达图分析法、层次分析法等[169]。刘升福、刘洋（2006）指出战略风险分析和评估的常用方法有：计划评审技术、主观概率论、效用理论、灰色系统理论、故障树分析法、影响图分析法、层次分析法、模糊综合评价法、灰色关联度评价法、主成分分析法等[170]。聂荣（2006）指出国际风险管理或风险型决策方法主要有：头脑风暴法、树状图、影响图、风险测量、敏感性分析、概率分析[171]。

中国企业海外耕地投资战略风险是由战略风险因素、风险事件、损失构成的统一体，是一系列不确定性战略因素导致企业无法实现境外耕地投资战略目标的可能性，可理解为重大风险事件发生的概率及其损失后果的函数，用数学公式表示为：

$$Y=f(R, P, D) \tag{5.1}$$

式（5.1）中，Y 表示耕地投资项目战略风险对象函数；R 为战略风险事件；P 为战略风险事件发生的概率；D 为战略风险发生后所带来的损失程度。

中国企业海外耕地投资战略风险具有客观性、偶然性、相关性、动态性、可控性、共存性六个特征。（1）战略风险特指影响企业海外耕地投资战略目标实现的可能性，不同于投资风险、金融风险等的研究范围。（2）战略风险因素是不能随时满足企业耕地投资战略管理需要的必要条件的转化形式，是影响企业实现海外耕地投资目标，造成潜在投资损失的外部环境和内部条件因素。（3）战略风险准备是有效的，采取措施防止战略必要条件转化为风险因素，对战略风险因素加以有效管理和利用，战略风险有可能转变为发展机会。（4）中国海外耕地投资企业处于一种无序的混沌状态，投资战略中伴随着模糊性、不连续性和高风险行为，战略风险要素间存在相关性，能产生连锁反应。

二、战略风险评价方法

海外耕地投资风险识别与评价是一项专业性和技术性要求极高的工作，对于中国企业海外耕地投资战略风险的识别与评价主要采取了以下步骤，研究技术路线如图 5-2 所示。（1）通过战略风险因素认知调查，确定导致战略目标不确定性的客观存在，寻找战略风险因素。（2）通过文献研究与访谈法进行战略风险影响因素的初步识别，建立战略风险因素清单。（3）通过问卷调查法识别关键战略风险因素，进行战略风险因素分类、排序，找出战略风险主要因子。（4）建立中国企业海外耕地投资战略风险模糊综合评价模型，以问卷调查有效样本为基础，进行中国企业海外耕地投资战略风险模糊综合评价。

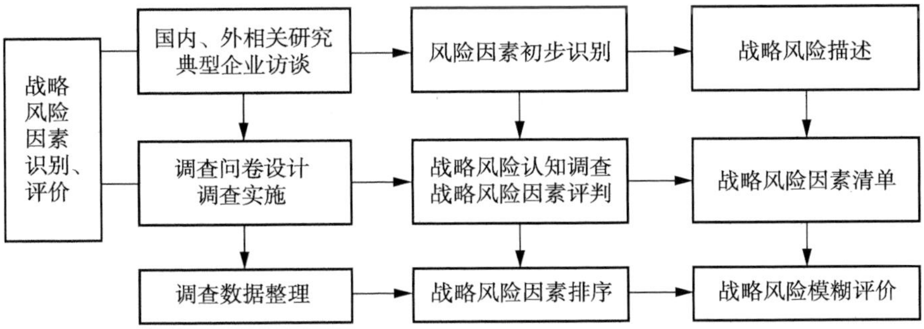

图 5-2　中国企业海外耕地投资战略风险识别与评价技术路线

战略风险评价是在战略风险识别的基础上，运用概率论与数理统计对企业面临的威胁、存在的弱点、造成的影响及对三者综合作用而带来的风险存在及发生的可能性、风险损失的范围与程度进行的估计和衡量。

对中国企业海外耕地投资战略风险的评判是模糊概念，战略风险的测度是一个多因素判断过程，由于战略因素变化的随机性和模糊性特征，每个因素对总体风险影响的时间、效果不尽相同，因此对于战略风险的评价必须采用模糊数学的方法，借助评价专家的知识和经验，通过对各位专家的意见进行综合评判在一定程度上实现战略风险的量化。① 模糊综合评价的基本原理为：在确定评价因素、因子的评价等级标准权值的基础上，运用模糊集合变换原理，以隶属度描述各因素及因子的模糊界线，构造模糊评价矩阵，通过多层的复合运算，最终确定评价对象所属等级。②

（一）建立战略风险评价因素集

设海外耕地投资企业战略风险一级评价指标集为 B，则：

$$B=\{B_1,\ B_2,\ B_3,\ B_4,\ B_5,\ B_6\} \tag{5.2}$$

式（5.2）中，B_1，B_2，B_3，B_4，B_5，B_6 分别对应企业战略、外部环境、企业资源、竞争能力、组织结构、运营流程六类风险变量。

① 孙斌．基于情景分析的战略风险管理研究［D］．上海：上海交通大学，2009.

② 贺仲雄．模糊数学及其应用［M］．天津：天津科学技术出版社，1985.

设二级因素指标集为 B_i，$B_i=(B_{i1}, B_{i2}, \cdots, B_{ik})$，其中 B_{ij} 表示 B_i 中的第 j 个二级指标。

（二）确定指标评语集并赋值

设 V 为海外耕地投资企业战略风险评价结果集，按照战略风险因素层次结构，设每个风险变量对战略产生影响的可能性程度有五个等级，且1=低风险，2=较低风险，3=一般风险，4=较高风险，5=高风险，则：

$$V=\{V_1, V_2, V_3, V_4, V_5\} \tag{5.3}$$

评语集对应的隶属度为 $u=\{1, 2, 3, 4, 5\}$。

（三）指标赋权重

目前，确定权重的方法可大致分为主观赋权法与客观赋权法两类。主观赋权法根据决策者对各指标的主观重视程度赋权，如德尔菲法、二项系数法、AHP 法等；客观赋权法依据客观信息（如决策矩阵）进行赋权，如主成分分析法、熵值法、多目标规划法等,① 本研究采用德尔菲法确定各项指标权重。

（1）设 B_i 的权数为 w_i（$i=1, 2, \cdots, m$），则构成一级指标权重集为：

$$W=\{w_1, w_2, \cdots, w_m\} \qquad 0 \leqslant w_i \leqslant 1, \ \sum_{i=1}^{m} w_i = 1 \tag{5.4}$$

（2）设二级指标 B_{ij} 的权数为 w_{ij}（$i=1, 2, \cdots, m$；$j=1, 2, \cdots, k$），则二级指标权重集为：

$$W_i=\{w_{i1}, w_{i2}, \cdots, w_{im}\} \qquad 0 \leqslant w_{ij} \leqslant 1, \ \sum_{i=1}^{m} w_{ij} = 1 \tag{5.5}$$

（3）设有 k（$k \geqslant 30$）个专家各自独立地给出 B_i 中各指标权重，权重测算详见表 5-4。

$$w_i = \frac{1}{k}\sum_{j=1}^{k} w_{ij}(i = 1, 2, \cdots, 6) \tag{5.6}$$

$$W = \left\{\frac{1}{k}\sum_{j=1}^{k} w_{1j}, \ \frac{1}{k}\sum_{j=1}^{k} w_{2j}, \ \cdots, \ \frac{1}{k}\sum_{j=1}^{k} w_{nj}\right\} \tag{5.7}$$

---

① 张海涛，刘超英，田水．权重确定的主客观综合法［J］．江汉大学学报（自然科学版），2004，32（4）：63-65.

表 5-4　战略风险因子权重测算表

专家	因素						Σ
	B_1	B_2	B_3	B_4	B_5	B_6	
专家 1	w_{11}	w_{21}	w_{31}	w_{41}	w_{51}	w_{61}	1
专家 2	w_{12}	w_{22}	w_{32}	w_{42}	w_{52}	w_{62}	1
⋮	⋮	⋮	⋮	⋮	⋮	⋮	⋮
专家 k	w_{1k}	w_{2k}	w_{3k}	w_{4k}	w_{5k}	w_{6k}	
权重 w	$\frac{1}{k}\sum_{j=1}^{k} w_{1j}$	$\frac{1}{k}\sum_{j=1}^{k} w_{2j}$	$\frac{1}{k}\sum_{j=1}^{k} w_{3j}$	$\frac{1}{k}\sum_{j=1}^{k} w_{4j}$	$\frac{1}{k}\sum_{j=1}^{k} w_{5j}$	$\frac{1}{k}\sum_{j=1}^{k} w_{6j}$	

（四）建立模糊关系矩阵，对二级指标进行模糊评价

（1）制定各定性指标的统一识别标准，请专家根据各自的理解对每一项定性指标的状态等级进行评判，每一位专家对每一个指标只确定一个等级。设专家评语集为 I，则：

$$I=I_i \quad (i=1,\ 2,\ 3,\ 4,\ 5) \tag{5.8}$$

依据李克特 5 级量表，将专家意见分为五个等级（即 1=非常不同意，2=不同意，3=一般，4=同意，5=非常同意），并将风险评价集 V 与专家评语集 I 进行一一对应。

（2）设经过专家咨询后回收的有效问卷数量为 m，每个 B_{ij}在专家评语集 5 级评语中的得分比重为：

$$r_{ijn}=\gamma_{ijn}/m \quad n=(1,\ 2,\ 3,\ 4,\ 5) \tag{5.9}$$

式（5.9）中：r_{ijn}表示一个二级指标在专家评语集中的得分比重；γ_{ijn}表示对 B_{ij}做出第 n 级评语的专家人数；m 为专家调查有效问卷数量。

（3）设二级指标集 B_i 对一级指标层 B 评语集中各个战略风险等级的隶属程度为 R_{ij}，则：

$$R_{ij}=(r_{ij1},\ r_{ij2},\ r_{ij3},\ r_{ij4},\ r_{ij5}) \tag{5.10}$$

（4）设一个 B_{ij} 中给出各级评估的专家人数分别为 N_1，N_2，N_3，N_4，N_5，则 B_{ij}对于一级指标层指标评语集 V 中各风险等级的隶属程度为：

$$R_{ij}=(N_1/m,\ N_2/m,\ N_3/m,\ N_4/m,\ N_5/m) \tag{5.11}$$

推而广之，B_i 中的 k 个二级指标的评价结果可用 $k\times5$ 阶矩阵 R_i 表示，

则单因素风险评价矩阵为：

$$R_i = \begin{vmatrix} r_{i11} & \cdots & r_{i15} \\ \vdots & & \vdots \\ r_{ik1} & \cdots & r_{ik5} \end{vmatrix} i=(1, 2, 3, 4, 5) \quad (5.12)$$

式（5.12）中，R_i 中第 j 行反映的是 B_{ij} 对于一级指标评语集中各等级的隶属程度；第 n 列反映的是 B 中 B_{ij} 分别取评价集中第 n 个等级的程度。

将二级指标权集 W_i 与 R_i 进行模糊运算，得到了二级指标层的模糊综合评价向量 B_i，则：

$$B_i = W_i * R_i \quad i=(1, 2, 3, 4, 5, 6) \quad (5.13)$$

（5）对一级指标进行模糊综合评价。

设一级指标单因素评判矩阵 R 由一级指标权重集 W 与二级指标的模糊评价向量 B_i 构成，则：

$$B = W \times R = (a_1, a_2, \cdots, a_5) \times \begin{vmatrix} W_1 * R_1 \\ W_2 * R_2 \\ W_3 * R_3 \\ W_4 * R_4 \\ W_5 * R_5 \\ W_6 * R_6 \end{vmatrix} \quad (5.14)$$

将一级指标权重集 W 与其单因素评价矩阵 R_i 进行模糊运算，可得到一级指标层的模糊综合评价向量 A，则：

$$A = W \times R = (a_1, a_2, \cdots, a_5) \times \begin{vmatrix} W_1 * R_1 \\ W_2 * R_2 \\ W_3 * R_3 \\ W_4 * R_4 \\ W_5 * R_5 \\ W_6 * R_6 \end{vmatrix} \quad (5.15)$$

A 即为海外耕地投资战略风险的最终评价结果，对 A 进行归一化处理得到 A^*，则：

$$A^{*} = \left| \frac{a_1}{\sum_{i=1}^{n} a_i}, \frac{a_2}{\sum_{i=1}^{n} a_i}, \cdots, \frac{a_5}{\sum_{i=1}^{n} a_i} \right| \tag{5.16}$$

（五）确定战略风险等级

A^{*}是指对评语集 V 中各级评语的隶属程度，它构成一个向量并非一个确定的数值，为了准确描述企业战略风险等级，必须对评判结果进行处理。

处理评判结果的常用方法有：最大隶属度原则、模糊向量单值化及加权平均原则三种。在参考相关研究的基础上，本研究采用加权平均法对战略风险评判结果进行处理，即将评语集 V 中对战略风险大小的描述用不同数值区间来表示，用各数值区间的中位数表征其所代表的风险大小，将二级评判向量进一步量化，得到战略风险评价的具体数值。①

假设中国企业海外耕地投资战略风险评判等级有低风险、较低风险、一般风险、较高风险、高风险 5 个量化值，建立海外耕地投资企业战略风险等级量化表，详见表 5-5。研究中引入了中位数向量 Z，则：

$$Z = [10 \quad 29.5 \quad 49.5 \quad 69.5 \quad 90] \tag{5.17}$$

战略风险最终评价值为：

$$R = Z \times A^{*} \tag{5.18}$$

表 5-5　战略风险等级量化区间数值表

评判等级	低风险	较低风险	一般风险	较高风险	高风险
区间	20 以下	20～39	40～59	60～79	80～100
中位数	10	29.5	49.5	69.5	90

将 R 与战略风险等级量化区间数值表中的数据相对应，即可得到战略风险等级。

① 莫少颖．营销风险预警指标体系及综合评价方法［J］．企业技术开发，2004，（60）：45-47.

三、战略风险评价实证

（一）样本特征

基于研究条件限制，为了保证研究的科学与有效性，经征询专家意见，正式调查中主要选取土地资源管理与投融资方面的专业人士，通过他们对于中国企业海外耕地投资战略风险的认知与战略风险因素评判来研究中国企业海外耕地投资战略风险问题。调查中采用访谈与收发电子邮件形式，共发放问卷600份，收回有效问卷401份，总有效回收率为66.83%。调查样本涵盖了各个职业、年龄、学历段，具有统计学上的意义，样本的效度值得信赖。对401份有效样本应答者的社会经济特征数据进行统计，结果（详见表5-6）如下：（1）学历：以硕士为主，占总人数的50.88%、本科占总人数的35.26%、博士占总人数的10.83%、本科以下仅占总人数的3.03%。（2）职业：专业技术人员、国家行政事业单位人员、其他职业人员所占比例分别为25.87%、14.43%、47.26%。（3）年龄：以中青年为主，其中20~30岁占样本总人数的78.06%；31~40岁占10.97%。

表5-6　被调查者基本信息统计一览

学历	比重	职业	比重	年龄	比重
本科以下	3.03%	国家行政事业单位人员	14.43%	20岁以下	0.99%
本科	35.26%	专业技术人员	25.87%	20~30岁	78.06%
硕士	50.88%	商业服务人员	10.70%	31~40岁	10.97%
博士	10.83%	农、林、牧、渔从业人员	0.75%	41~50岁	1.75%
		生产运输操作人员	0.99%	51~60岁	8.23%
		其他	47.26%	60岁以上	0
合计	100%		100%		100%

（二）研究方法

研究中采用模糊综合评价法对中国企业海外耕地投资战略风险评价步骤为：（1）将影响中国企业海外耕地投资战略风险的各种因素按其属性分为一级指标与二级指标两大类。（2）运用模糊集合变换原理，构造模糊评判矩阵，分别对二级指标层与一级指标层进行综合评价。（3）最终确定战略风险所属等级，根据风险可接受或者危害程度的不同，确定战略风险防范措施。

（三）研究结论

401 份有效样本中被调查者对影响中国企业海外耕地投资战略的企业战略、外部环境、企业资源、竞争能力、组织结构、运营流程六个一级指标进行影响程度排序，详见表 5-7。对中国企业海外耕地投资战略影响最大的是企业战略因素，为高风险等级；其次是外部环境与运营流程因素为较高风险等级；组织结构、企业资源、竞争能力为一般风险等级。

表 5-7　中国企业海外耕地投资一级风险指标排序

代码	一级指标	风险等级	排序
B_1	企业战略	高	1
B_2	外部环境	较高	2
B_6	运营流程	较高	3
B_5	组织结构	一般	4
B_3	企业资源	一般	5
B_4	竞争能力	一般	6

对企业战略（B_1）中 4 个二级指标重要性程度排序详见表 5-8，战略目标不明确和战略定位不清晰两因素为高风险等级；战略执行无效与战略决策失误为较高风险等级。

表 5-8　企业战略二级风险指标排序

代码	二级指标	风险等级	排序
B_{12}	战略目标不明确	高	1
B_{11}	战略定位不清晰	高	2
B_{14}	战略执行无效	较高	3
B_{13}	战略决策失误	较高	4

对外部环境（B_2）中 8 个二级指标重要性程度排序详见表 5-9，战争与内乱、国际政治经济风险为高风险等级；自然灾害与汇率风险为较高风险等级；

东道国政府违约、征收与国有化、法律风险为一般风险等级，社会文化风险为低风险等级。

表 5-9 外部环境二级风险指标排序

代码	二级指标	风险等级	排序
B_{22}	战争与内乱	高	1
B_{21}	国际政治经济风险	高	2
B_{28}	自然灾害	较高	3
B_{26}	汇率风险	较高	4
B_{23}	东道国政府违约	一般	5
B_{24}	征收与国有化	一般	6
B_{25}	法律风险	一般	7
B_{27}	社会文化风险	低	8

对运营流程（B_6）中 3 个二级指标重要性程度排序详见表 5-10，市场占有率下降为较高风险等级；供应链管理不当、运营计划不当为一般风险等级。

表 5-10 运营流程二级风险指标排序

代码	二级指标	风险等级	排序
B_{62}	市场占有率下降	较高	1
B_{63}	供应链管理不当	一般	2
B_{61}	运营计划不当	一般	3

对组织结构（B_5）中 3 个二级指标重要性程度排序详见表 5-11，公司治理结构不当为较高风险等级；战略柔性不足为一般风险等级；组织结构的适应性差为较低风险等级。

表 5-11 组织结构二级风险指标排序

代码	二级指标	风险等级	排序
B_{52}	公司治理结构不当	较高	1
B_{53}	战略柔性不足	一般	2
B_{51}	组织结构的适应性差	较低	3

对企业资源（B_3）中 5 个二级指标重要性程度排序详见表 5-12，财务

资源不足为较高风险等级；技术资源落后、社会资本不足、人力资源缺乏为一般风险等级；实物资源不足为较低风险等级。

表 5-12 企业资源二级风险指标排序

代码	二级指标	风险等级	排序
B_{35}	财务资源不足	较高	1
B_{33}	技术资源落后	一般	2
B_{34}	社会资本不足	一般	3
B_{32}	人力资源缺乏	一般	4
B_{31}	实物资源不足	较低	5

对竞争能力（B_4）中 4 个二级指标重要性程度排序详见表 5-13，技术创新能力不强、跨文化管理能力弱为较高风险等级；知识转化与吸收能力差、缺乏战略领导能力为一般风险等级。

表 5-13 竞争能力二级风险指标排序表

代码	二级指标	风险等级	排序
B_{43}	技术创新能力不强	较高	1
B_{44}	跨文化管理能力弱	较高	2
B_{42}	知识转化与吸收能力差	一般	3
B_{41}	缺乏战略领导能力	一般	4

综合 6 个一级指标与 27 个二级指标排序结果，建立中国企业海外耕地投资战略风险指标综合排序（详见表 5-14），对中国企业海外耕地投资战略产生较大影响因子（风险评价等级为高与较高的风险因子）有 13 个，企业重点控制风险评价等级为高的战略目标不明确、战略定位不清晰、战争与内乱、国际政治经济风险 4 个因子。关注风险评价等级为较高的战略执行无效、战略决策失误、自然灾害、汇率风险、市场占有率下降、公司治理结构不当、财务资源不足、技术创新能力不强、跨文化管理能力弱 9 个因子在投资战略各个阶段的变化，避免其对战略目标达成产生影响。

（四）研究中的不足

中国企业海外耕地投资战略风险因素指标体系构建是本研究的重点与

难点，研究中战略风险因素的提取虽经过大量文献阅读与多轮专家咨询，但由于受到调研条件限制，指标选择未能实现相互独立与完全穷尽，存在漏项可能性。若能综合运用头脑风暴法与平衡计分卡等技术对典型企业进行研究，则指标的选取将更具准确性、完整性。

表 5-14　中国企业海外耕地投资战略风险指标综合排序

代码	二级指标	风险等级	排序
B_{12}	战略目标不明确	高	1
B_{11}	战略定位不清晰	高	2
B_{22}	战争与内乱	高	3
B_{21}	国际政治经济风险	高	4
B_{14}	战略执行无效	较高	5
B_{13}	战略决策失误	较高	6
B_{28}	自然灾害	较高	7
B_{26}	汇率风险	较高	8
B_{62}	市场占有率下降	较高	9
B_{52}	公司治理结构不当	较高	10
B_{35}	财务资源不足	较高	11
B_{43}	技术创新能力不强	较高	12
B_{44}	跨文化管理能力弱	较高	13
B_{23}	东道国政府违约	一般	14
B_{24}	征收与国有化	一般	15
B_{25}	法律风险	一般	16
B_{63}	供应链管理不当	一般	17
B_{61}	运营计划不当	一般	18
B_{53}	战略柔性不足	一般	19
B_{33}	技术资源落后	一般	20
B_{34}	社会资本不足	一般	21
B_{32}	人力资源缺乏	一般	22
B_{42}	知识转化与吸收能力差	一般	23
B_{41}	缺乏战略领导能力	一般	24
B_{51}	组织结构的适应性差	较低	25
B_{31}	实物资源不足	较低	26
B_{27}	社会文化风险	低	27

研究证明，模糊综合评价法能在一定程度上实现战略风险评价。模糊

综合评价结果的有效性取决于：（1）耕地投资项目数据资料的获取，若能增加更多海外耕地投资企业调查样本数，则战略风险研究结果将更精确。（2）评价专家组的选择，若能在更高层面上邀请国务院政策研究室、商务部对外投资合作和经济合作司专家进行战略风险影响因素重要性程度专家打分，则实证研究结论将更具权威性。（3）各种风险因素相关性处理：模糊分析过程本身无法解决风险指标相关造成的信息重复问题，因此在进行模糊综合评价方法前，应采用指标优化方法，筛选关联度较小的指标，以提高评价结果准确性。①

第三节 海外耕地投资企业风险预警

一、风险生成机理

风险机理是风险评估和风险控制的依据和前提，风险因素既是风险发生的必要条件又是风险机理模型中的前提要素，研究风险的形成机理是制定风险控制策略的前提。

企业风险预警与控制是以单个具体投资企业为研究对象，本研究假设某个特定中国投资企业进行海外耕地投资主要受到企业战略、外部环境、企业资源、竞争能力、组织结构、运营流程六大类风险变量影响，六大类风险要素必须相互匹配，只有当六大类要素协调一致并相互适应时，企业战略才会取得成功。战略风险影响因素匹配关系图如图 5-3 所示。

（一）企业战略是核心因素、外部环境是企业战略的适应性因素、企业资源和竞争能力是支撑性要素、组织结构与运营流程是能力性要素。企业战略确定的情况下，企业资源和竞争能力之间存在着对应的关系，企业资源为企业战略实现的支持体系。

（二）外部环境是在一定时空条件下特定的，具有客观性、变动性、时空确定性及开放性相对性。外部环境对企业战略产生的不确定性取决于

① 张晓明．虚拟企业战略风险预警研究［D］．秦皇岛：燕山大学，2009.

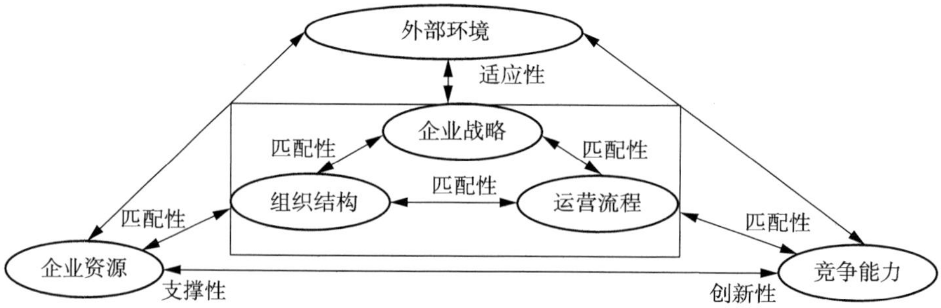

图 5-3　战略风险影响因素匹配关系

企业战略对外部环境的适应力和反应力。企业战略对外部环境的制约及影响存在着控制与反控制，必须通过适应、避免、顺从等手段来解决战略与环境的冲突，平衡增长与风险。

（三）组织结构与外部环境存在共生与相互依赖，由于外部环境因素自身变化，引起不同组织结构要素之间的联系相互变化。外部环境与组织结构不适应产生的战略风险源于：（1）外部环境发生变化时，组织没有进行调适，组织因不能适应环境而产生战略风险。（2）组织的调适滞后于环境变化。（3）组织的调适不足以抵消环境冲击。（4）过度调适，由于错误地预测市场目标，生产了过剩的产品，造成资源浪费。（5）组织与环境均衡。[①]

（四）组织结构与企业战略的匹配。企业战略对组织结构的基本要求是：组织结构选择与战略目标一致。

当企业外部环境与内部资源、竞争能力中必要条件与战略不协调时便形成了战略风险因素。当战略风险因素与战略目标相一致时强化战略实施，当战略风险因素与战略目标不适应时，六大类要素之间的不匹配和不均衡引发战略风险事件，战略风险事件导致目标损害，最终形成战略风险。

根据影响战略风险因素的多少以及因素间相互关系，海外耕地投资风

① 张毅．企业战略风险形成机理研究——组织与环境关系的耦合［J］．理论月刊，2010（12）：158-160.

险因素的扩散方式可分成三类：（1）单一风险因素扩散方式：在其他因素不变的情况下，因某一因素的变化引起系统失序。（2）多种风险因素扩散方式，表现为：①外部环境变化导致企业资源优势、竞争能力优势的下降；②企业资源对竞争能力的支持程度下降；③企业战略与外部环境变化的不匹配；④企业战略与企业资源的不匹配；⑤企业战略与竞争能力的不匹配。（3）耦合风险扩散方式：各个要素与企业战略的动态匹配性和动态协调性达不到战略目标实现的要求，引起要素之间平衡打破与不和谐，产生战略风险。①

中国企业海外耕地投资战略风险形成原因可以借助“战略风险触发器”原理，采用企业战略风险形成机理模型（如图 5-4 所示）来演示。企业战略、外部环境、企业资源、竞争能力、组织结构、运营流程六类风险变量在战略系统耦合中所体现的适应性、支撑性、匹配性、创新性、都具有一定的阀值，当系统中各要素间动态变动幅度超过阀值时，战略风险因素变化产生脉冲，脉冲达到一定强度通过阀门，产生潜在战略风险。脉冲达到一定强度通过阀门时会出现两种结果：（1）脉冲经过滤波器过滤产生新脉冲，新脉冲作用于战略振荡器产生震荡，各要素之间的动态匹配性被打破，产生战略风险，造成重大战略损失。（2）脉冲无法通过阀门，表明企业系统具有较好的战略柔性和一定强度的自组织能力，能克服风险因素变化给企业战略系统带来的冲击，产生的战略风险较小，对战略目标不造成重大影响。

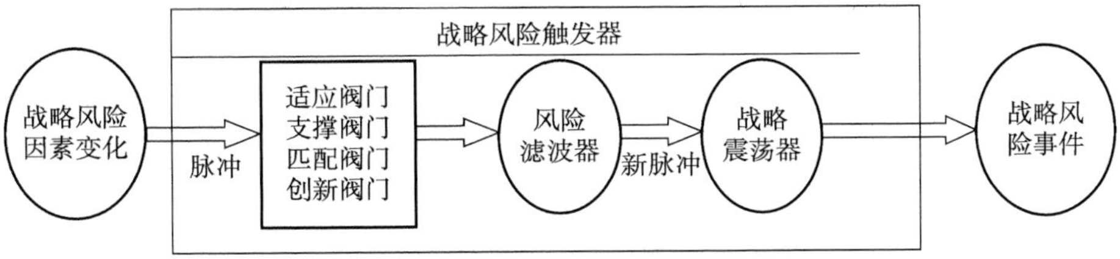

图 5-4　战略风险形成原理

① 万杰军．海外港口建设项目风险预警管理系统研究［D］．武汉：武汉理工大学，2008.

二、风险预警方法

企业风险预警是防止、纠正、回避风险的一种重要管理功能，通过预警系统的预测和警报，管理层能够了解企业风险产生的原因、风险的程度以及风险防范的对策和方法。①

预警管理的功能包括监测、诊断、警报方式、信息、早期控制、对策库和失误矫正等。风险预警体系包括风险预警的基本功能、方法和指标体系。预警系统基本目标为预报企业投资活动将要走向的状态，并根据系统所显示的警报信号对投资活动进行防范和控制。

风险预警方法分为定性预警方法（德尔菲法、专家评议法、加权平均法）、定性和定量相结合的预警方法（BP 神经网络法、多级模糊综合评价法、层次分析法）及预警模型方法三种。预警模型依据预警指标的数量分为单项指标预警模型和综合性指标预警模型，常用预警模型有资产组合风险管理（CAPM）、期权估价模型和 VAR（风险价值）；财务控制方面的 Beaver 单变量预警模型、Atman 的 Z 计分模型、ZETA 模型等。预警结果反馈主要有概率分析法和信号分析法。

中国企业海外耕地投资活动实施是一个动态的过程，战略风险因素对战略影响具有动态性与联动性，采用指标预警与模型预警相结合的综合预警方法，即一方面选取对战略风险有重大影响的单项指标进行指标预警，另一方面将多个单项指标归纳为一个综合性指标，然后根据综合性指标值所处的值域范围来判断风险处于何种危险区间，发出何种警报。

（一）风险六维联动预警模型

为了说明预警原理，假设某个中国企业海外耕地投资战略主要受企业战略、外部环境、企业资源、竞争能力、组织结构、运营流程六维风险变量影响，建立战略风险因素的相互影响预测模型为：

$$Y=f(R, B_1, B_2, B_3, B_4, B_5, B_6) \quad (5.19)$$

式（5.19）中，Y 为中国企业 A 耕地投资项目战略风险对象函数；f

① 王洪运．基于柔性的企业发展战略风险研究［D］．武汉：武汉理工大学，2006.

为函数规则；R 为战略风险事件，同时也是 B_1、B_2、B_3、B_4、B_5、B_6 的函数，即随着企业战略、外部环境、企业资源、竞争能力、组织结构、运营流程要素的变化，战略风险发生相应变化；B_1、B_2、B_3、B_4、B_5、B_6 分别对应企业战略、外部环境、企业资源、竞争能力、组织结构、运营流程六类风险变量。模型简化为：

$$R=R(B_1, B_2, B_3, B_4, B_5, B_6) \tag{5.20}$$

由上述分析得到，中国企业海外耕地投资战略风险六维动态识别模型为：

$$Y=f\left[R(B_1, B_2, B_3, B_4, B_5, B_6), B_1, B_2, B_3, B_4, B_5, B_6\right] \tag{5.21}$$

进行简化得到：

$$Y=F(B_1, B_2, B_3, B_4, B_5, B_6) \tag{5.22}$$

式（5.22）中，F 是综合了 R 与 f 的函数，表示影响战略风险的风险因子相互作用规则。

（二）风险预警指标体系

中国企业海外耕地投资风险预警指标体系设计时应遵循以下原则：选取风险因素数量合适；减少风险因素指标间的相关性；增强风险因素指标体系的完备性。① 特定中国企业海外耕地投资风险预警指标选择原则为：单个指标必须对企业对外耕地投资实现产生重大影响；多个指标的综合必须表示企业对外耕地投资的主要风险；指标的特征量要能超前、敏感地反映企业风险的发生或发展动向；指标数据来源的可靠性和充分性、统计上的迅速性与准确性。

预警指标体系包括潜在指标与显现指标两类：潜在指标用于潜在因素（征兆信息）定量化；显现指标主要用于显现因素（现状信息）的定量化。

1. 潜在指标

投资企业可根据实用化、规范化的基本要求，在中国企业海外耕地投

① 梁斌．略论我国矿业海外投资项目的风险评价［J］．中国国土资源经济，2011（2）：45-47.

资战略风险指标体系（详见表5-14）中选择对海外耕地投资战略具有高、较高影响的因子构成预警指标体系中的主要指标。

2. 显现指标

特定中国海外耕地投资企业在全面吸收企业现有的经济评价指标和组织评价指标基础上，结合企业投资进行重新归类与组合，对预警指标体系中指标进行补充。

3. 预警信号系统

收集企业海外耕地投资风险的发生背景、发展过程及后果影响等信息，排列出各风险事件的分布领域、作用范围，建立风险的预警信号系统。

4. 战略危险区间

以系统科学为指导，对所收集的信息进行分析与综合，找出导致海外耕地风险主要特征因素，通过综合处理将特征因素转化为风险特征向量并通过预警信号系统输出信号图,[①] 指明企业海外耕地投资战略风险所处的境况，并发出相应的风险警报。

（三）风险变动幅度预警

风险因素对于企业耕地投资的影响可分为直接影响和间接影响。直接影响即不通过其他企业的影响而产生的风险，如汇率风险；间接影响即通过其他企业进行传递而产生的风险，如上游企业受到政策因素而传递的影响。对于直接影响，应估计其可能发生的时间；间接影响，应估计其传递的时间。[②]

由于中国企业海外耕地投资的动态性和复杂性，为了剖析风险问题，设空间上有 a、b 两点，加上时间变量 t，初始时刻 t_0 的六维向量组合为（B_{1a}，B_{2a}，B_{3a}，B_{4a}，B_{5a}，B_{6a}），t_1 时刻的六维向量组合为（B_{1b}，B_{2b}，B_{3b}，B_{4b}，B_{5b}，B_{6b}）。

---

① 佘廉．企业预警管理论［M］．石家庄：河北科学技术出版社，1999.

② 李杰群，赵庆，李京．中国企业对外直接投资战略风险投资控制系统研究［J］．统计与决策，2010（18）：172-178.

设 a 点是中国企业海外耕地投资开始实施的时点，由于六维战略风险因素综合影响，经过时间 Δt（$\Delta t=t_1-t_0$）后，运行风险达到 b 点，设变量 B_1，B_2，B_3，B_4，B_5，B_6 均为可测性，则它们在 t_0、t_1 的值都是可知的，各类风险因素的变化范围为：

$$\Delta B_1=B_{1b}-B_{1a} \tag{5.23}$$

$$\Delta B_2=B_{2b}-B_{2a} \tag{5.24}$$

$$\Delta B_3=B_{3b}-B_{3a} \tag{5.25}$$

$$\Delta B_4=B_{4b}-B_{4a} \tag{5.26}$$

$$\Delta B_5=B_{5b}-B_{5a} \tag{5.27}$$

$$\Delta B_6=B_{6b}-B_{6a} \tag{5.28}$$

若以 a 为基点，各维变量的变动率为 γ 则：

$$\gamma_{B_1}=\frac{\Delta B_1}{B_{1a}} \tag{5.29}$$

$$\gamma_{B_2}=\frac{\Delta B_2}{B_{2a}} \tag{5.30}$$

$$\gamma_{B_3}=\frac{\Delta B_3}{B_{3a}} \tag{5.31}$$

$$\gamma_{B_4}=\frac{\Delta B_4}{B_{4a}} \tag{5.32}$$

$$\gamma_{B_5}=\frac{\Delta B_5}{B_{5a}} \tag{5.33}$$

$$\gamma_{B_6}=\frac{\Delta B_6}{B_{6a}} \tag{5.34}$$

投资企业可根据自己的实际情况选择函数规则 F，则在 t_0时刻风险为：

$$Y_a=F(B_{1a},\ B_{2a},\ B_{3a},\ B_{4a},\ B_{5a},\ B_{6a}) \tag{5.35}$$

在 t_1 时刻风险为：

$$Y_b=F(B_{1b},\ B_{2b},\ B_{3b},\ B_{4b},\ B_{5b},\ B_{6b}) \tag{5.36}$$

企业海外投资风险变动幅度为：

$$\Delta Y=Y_b-Y_a \tag{5.37}$$

风险变动率为：

$$\gamma_Y = \frac{\Delta Y}{Y_a} \tag{5.38}$$

1. 风险因素单项指标预警

根据海外耕地投资企业经营数据与对未来经营情况预测，对上述预警指标的变动幅度给予假定：指标预警是根据预警指标数值大小的变动来发出不同程度的警报。假设影响企业海外耕地投资风险指标体系中的一个指标 B_{ij} 为需要进行报警的单项指标，且 B_{ij} 的安全区域为［B_{ija}，B_{ijb}］，其初等危险区域为［B_{ijc}，B_{ija}］和［B_{ijb}，B_{ijd}］，其高等危险区域为［B_{ije}，B_{ijc}］和［B_{ijd}，B_{ijf}］。风险因素单项指标预警阈值如图 5-5 所示。

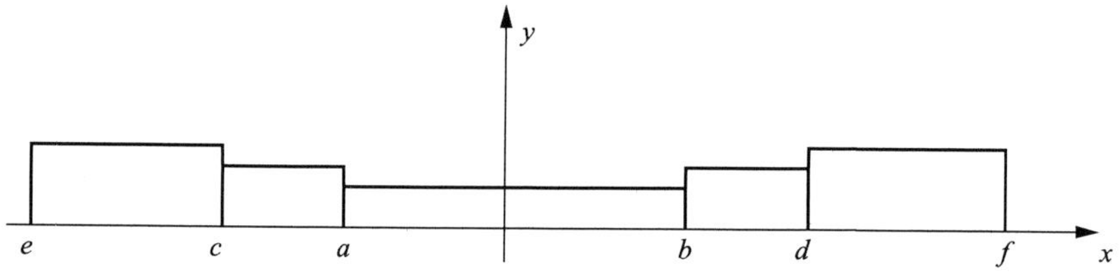

图 5-5　风险因素单项指标预警阈值

基本警报准则如下：(1) 当 $B_{ija} \leqslant B_{ij} \leqslant B_{ijb}$ 时，风险较低，预警系统不发出警报；(2) 当 $B_{ijc} \leqslant B_{ij} \leqslant B_{ija}$ 或 $B_{ijb} \leqslant B_{ij} \leqslant B_{ijd}$ 时，风险一般，预警系统发出一级警报；(3) 当 $B_{ije} \leqslant B_{ij} \leqslant B_{ijc}$ 或 $B_{ijd} \leqslant B_{ij} \leqslant B_{ijf}$ 时，风险较高，预警系统发出二级警报；(4) 当 $B_{ij} \leqslant B_{ije}$ 或 $B_{ij} \geqslant B_{ijf}$ 时，战略风险高，预警系统发出三级警报。同理，可分别对其他战略风险指标进行变化幅度预警。

2. 战略风险综合指标变动率预警

假定中国企业海外耕地投资风险变动幅度 ΔY 为警报指标，Y 可承受的变动下限、中限、上限分别为 $\Delta Y_{\min}$、ΔY_{mid}、$\Delta Y_{\max}$，则中国企业海外耕地投资风险安全区域、初等危险区域、高等危险区域分别为［0，$\Delta Y_{\min}$］、［$\Delta Y_{\min}$，ΔY_{mid}］、［$\Delta Y_{\max}$，$+\infty$］。风险综合指标预警阈值如图 5-6 所示。

基本警报准则如下：(1) 当 $0<\Delta Y<\Delta Y_{\min}$ 时，风险较低，预警系统不发出警报；(2) 当 $\Delta Y_{\min}<\Delta Y<\Delta Y_{\mathrm{mid}}$ 时，风险一般，预警系统发出一级警报；(3) 当 $\Delta Y_{\mathrm{mid}}<\Delta Y<\Delta Y_{\max}$ 时，风险较高，预警系统发出二级警报；(4)

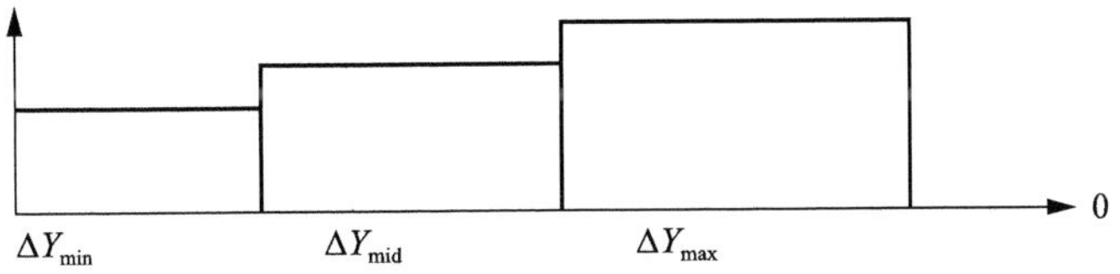

图 5-6 风险综合指标预警阈值

当 $\Delta Y \geqslant \Delta Y_{max}$时，风险高，预警系统发出三级警报。

3. 风险弹性预警

中国企业海外耕地投资风险弹性预警指标主要考虑战略风险六维变量弹性，设企业战略、外部环境、企业资源、竞争能力、组织结构、运营流程的弹性系数分别为 l_{B_1}、l_{B_2}、l_{B_3}、l_{B_4}、l_{B_5}、l_{B_6}，则有：

$$l_{B_1}=\frac{\Delta Y/Y_a}{\Delta B_1/B_{1a}} \tag{5.39}$$

$$l_{B_2}=\frac{\Delta Y/Y_a}{\Delta B_2/B_{2a}} \tag{5.40}$$

$$l_{B_3}=\frac{\Delta Y/Y_a}{\Delta B_3/B_{3a}} \tag{5.41}$$

$$l_{B_4}=\frac{\Delta Y/Y_a}{\Delta B_4/B_{4a}} \tag{5.42}$$

$$l_{B_5}=\frac{\Delta Y/Y_a}{\Delta B_5/B_{5a}} \tag{5.43}$$

$$l_{B_6}=\frac{\Delta Y/Y_a}{\Delta B_6/B_{6a}} \tag{5.44}$$

（1）单项风险指标弹性预警

假设影响特定中国企业海外耕地投资战略风险指标体系中的一个指标为 B_{ij}，B_{ij}的弹性系数 $l_{B_{ij}}$的弹性区间为［0，1］，则：（1）当 $|l_{B_{ij}}|>1$ 时，B_{ij}对战略的影响富有弹性，风险较低，预警系统不发出警报。（2）当 $|l_{B_{ij}}|=1$ 时，B_{ij}对战略的影响为单一弹性，风险一般，预警系统发出一级警报。（3）当 $|l_{B_{ij}}|<1$ 时，B_{ij}对战略的影响为缺乏弹性，风险较高，预警系统发出二级警报。（4）当 $|l_{B_{ij}}|=0$ 时，B_{ij}对战略的影响完全无弹性，

风险高，预警系统发出三级警报。同理，可分别对其他战略风险指标进行变化弹性预警。

（2）风险综合指标弹性预警

设 l_{B_1}、l_{B_2}、l_{B_3}、l_{B_4}、l_{B_5}、l_{B_6}总和为企业海外耕地投资战略风险 Y 的弹性系数 l，且 l 的弹性区间为［0，1］，则：（1）当 $|l|>1$ 时，Y 为富有弹性，风险较低，预警系统不发出警报。（2）当 $|l|=1$ 时，Y 为单一弹性，风险一般，预警系统发出一级警报。（3）当 $|l|<1$ 时，Y 为缺乏弹性，风险较高，预警系统发出二级警报。（4）当 $|l|=0$ 时，Y 为完全无弹性，风险高，预警系统发出三级警报。

弹性系数预警指标便于企业动态地检测海外耕地投资变化，并根据弹性系数大小，预知不同时期的战略危机及其发生的概率。企业可根据实际经营数据计算战略风险变动率及六维变量弹性，建立风险预警指标体系，对风险进行预警、修正和调整战略，保持良性战略效果。

预警模型虽能实现中国企业海外耕地投资全过程的动态预警，但模型中的函数关系难以确定，因缺乏典型企业的相关数据没有进行实证验证。风险预警能否实现取决于：投资企业对企业战略、外部环境、企业资源、竞争能力、组织结构、运营流程六维风险因素产生风险的机制和发展规律的正确认识和把握，各种风险要素所产生的后果对目标实现的影响程度的正确判断。

第四节　海外耕地投资企业风险监控

一、风险监控流程

风险识别与评估水平直接影响风险控制效果，风险控制可实现在风险成本最低的条件下，对企业内部各种结构、组织、资源、能力以及运营等要素造成的影响进行及时的纠正和调整，保障在高度不确定环境和非均衡、混沌状态下实现战略活动的自我均衡。

对外耕地投资企业应该建立对战略管理活动的识错、防错、纠错和治错的机制，建立风险管理系统，包括建立完整的内部控制组织架构、流程、报告路线，明确管理层与业务部门的内控职责、纪律程序和量化的风险管理评价体系以及手段、措施等。① 中国企业海外耕地投资风险预警与监控流程如图 5-7 所示。

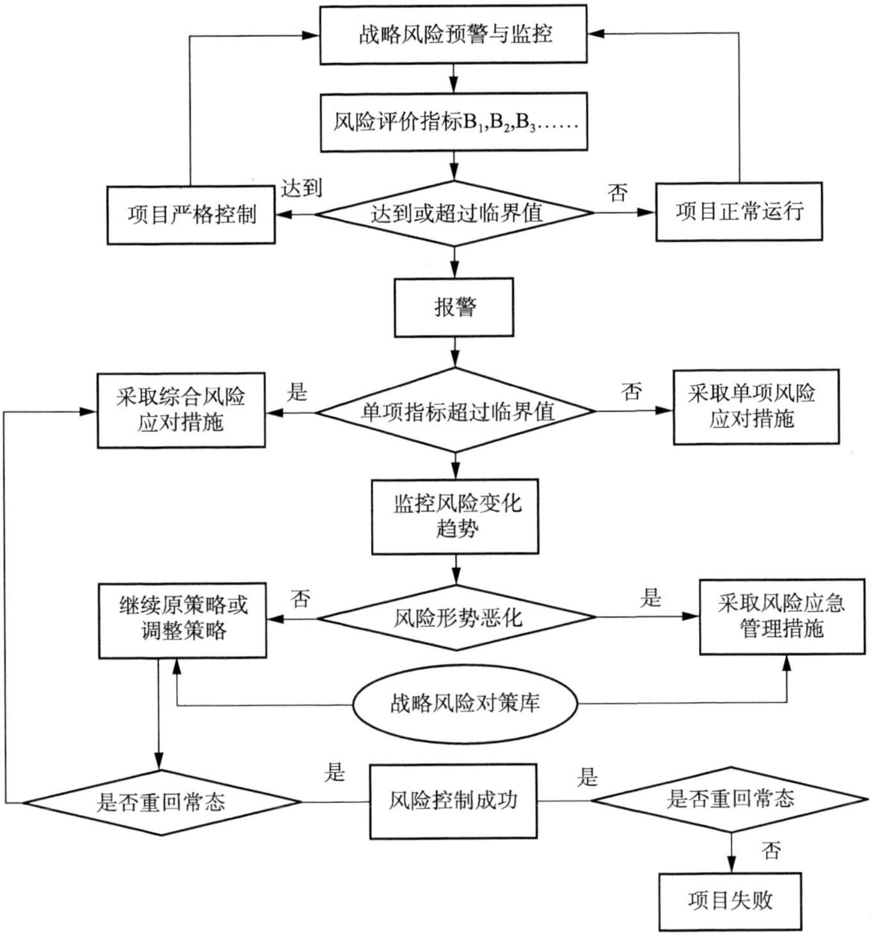

图 5-7　中国企业海外耕地投资风险预警与监控流程

---

① 何凤平．农业上市公司内部控制研究［D］．杨凌：西北农林科技大学，2008.

二、风险监控体系

中国企业海外耕地投资风险监控系统主要由风险监控组织及人员、风险监控制度、风险监控文档、风险监控辅助技术等要素组成。中国企业海外耕地投资风险监控系统如图 5-8 所示。

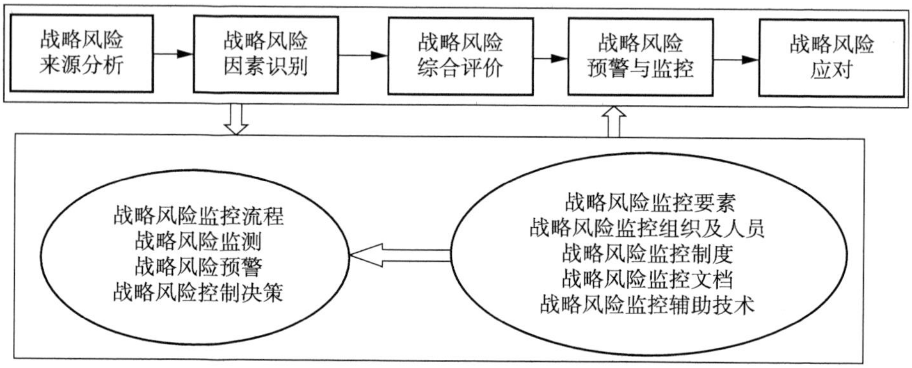

图 5-8　中国企业海外耕地投资风险监控系统

风险监控职能表现为制定风险控制标准、拟定应变措施、采取控制行动等方面。中国企业海外耕地投资风险监控过程包括：识别关键风险因子、确定关键因子的实施标准、测定实际执行情况、针对偏差进行纠偏。

确立企业的风险管理策略和目标体系，包括风险偏好、风险承受能力、风险评价、预警指标体系。建立和完善风险管理流程，形成螺旋式的风险循环管理。做好投资前风险识别、判断和预控工作，通过详尽、尽责的可行性分析和项目评估等工作，实现对战略管理活动的监测、诊断、控制、矫正和预警，采取前馈方法控制风险，尽可能地避免企业损失。

在国家海外耕地投资规划指导下，企业将海外耕地投资纳入企业战略总体规划，并同提高中国农产品竞争力及提高企业的总体竞争优势目标保持一致。建立重大风险预警机制和突发事件应急处理机制。加强跨国经营的风险保障，收集信息、甄别信息，加强损失频度与幅度的估计，明确风险预警标准，对可能发生的重大风险或突发事件，制定应急预案，明确责任人员，规范处置程序，健全资金、进度、技术后备应急措施。

三、风险内部控制

内部风险控制是从降低整个战略损失方差的角度来管理风险，包括内部环境、风险目标设定、风险事项识别、风险评估、风险反应、控制活动、信息与沟通和监控八大要素。[①] 企业应加强对耕地投资未来可能发生的各种风险的识别，企业可从不相容职务分离控制、授权审批控制、会计系统控制、财产保护控制、预算控制、运营分析控制、绩效考评控制、重大风险预警机制和突发事件应急处理机制等方面采取内部风险控制措施。

完善公司法人治理结构与有效配置董事会、管理层的战略风险管理职责，使战略风险识别和控制成为企业制度化、经常化的行为。（1）坚持风险控制与业务经营相分离的原则，实现战略风险管理机构化，明确和有效配置组织相应的风险管理职责、权限。企业内专设战略风险监控委员会，下设战略组、预警组、监控组三个职能部门。①战略组：负责制定战略风险管理制度与政策、风险度量模型与标准，并指导工作人员落实日常风险管理。②预警组：负责监测外部环境风险状态和内部管理失误的状态；提出海外耕地投资项目风险预警管理策略和重大风险管理预控方案。③监控组：对战略风险进行衡量与评估，海外项目重大决策、重大风险、重大事件和重要业务流程的判断标准或判断机制，做出重大决策的风险评估报告。（2）重视对现金流量的监控和审核，加强对管理者的道德风险控制，加强重大投资决策的相关制度建设，建立起一套有效的内控制度，严格控制财务风险。（3）加强对跨国耕地投资风险的识别和判断：做好投资前风险识别、判断和预控工作，通过详尽可行性分析和项目评估等手段，科学论证、完善决策机制。（4）健全企业战略风险化解机制，依据战略风险的性质和管理目标，通过综合比较各个方案的成本收益及可执行性情况，完善项目评价制度。（5）加强公共关系，提高跨文化交流和整合资源的能力。通过跨文化培训、正式的和非正式的跨文化传播和沟通，提高企业的全球学习能力，创新完善企业经营理念和企业文化。

---

① 何凤平. 农业上市公司内部控制研究［D］. 杨凌：西北农林科技大学，2008.

第五节　海外耕地投资企业风险对策

一、控制性风险管理措施

风险防范与应对是以风险的损失评估和时间估计为基础，制定风险应对策略。中国企业海外耕地投资企业应该建立起控制性风险管理措施、融资性风险管理措施、补救性风险措施三位一体的立体风险规避体系。

控制性风险措施主要是通过降低风险损失频率（损失幅度），事先对风险进行改变，包括风险规避、风险减弱策略。（1）战略风险规避：企业有意识地放弃（拒绝）承担风险，属最消极的风险应对策略。当损失频率、损失幅度都较大的特定风险，频率虽弱但是后果严重无法补偿，风险管理措施成本超过投资预期收益时，可采取风险规避措施。[①] 海外耕地投资风险及其不确定性难以根本消除，单纯以消除风险为目标意味着放弃盈利机会，风险规避并非任何情况下都适用。（2）风险减弱：通过改变风险因素、改变风险因素所处的环境、改变风险因素与所处的环境的相互作用或通过抢救、灾难计划与紧急事件计划减少风险发生的机会或削弱损失的严重性以控制风险损失。

二、融资性风险管理措施

融资性风险策略着眼于事后的补偿，主要通过事故发生前所做的财务安排，使有充足的资金弥补损失，包括风险自留与风险转移。（1）风险自留：当企业有足够的资源承受风险损失时，可以采取将损失摊入营业成本、设立专项基金、自保公司、信用额度、特别贷款与发行证券等进行风险自担和风险自保自行消化风险损失。（2）风险转移：企业以付出一定的经济成本（如保险费、盈利机会、担保费和利息等），借助于正当的、合

① 刘新立．风险管理［M］．北京：北京大学出版社，2010，185-207.

法的合同与协议将损失的法律责任转移给其他人或组织（非保险人）承担，常用方法有出售、分包、签订免责条款、保险、套期保值。

投资保险具有损失补偿、融资便利、市场开拓、信用提升和风险管理五大主要功能，海外耕地投资企业可通过办理投资保险与担保，将一部分风险转移给其他机构。（1）主动向中国出口信用保险公司投保，以期获得赔偿，减低和转移风险损失。（2）熟悉中国和东道国相关法律法规与保险程序、投保要求和保险措施，利用国际公约的有关条款及承保机制减少和规避投资风险，提升投资活动的安全系数。（3）向多边投资担保机构和境外投资保险机构投保外汇冻结险、资产征用险、合同中止险、武装冲突和市民暴动险。（4）在政局不稳定的国家进行投资需要采取第三国提供担保措施。

三、补救性风险措施

跨国耕地投资中的时间成本、运输成本、贸易壁垒、国家风险、市场差异等因素都加大了风险控制难度，由于资金、技术、人才、经验等方面能力的限制，境外投资企业需要建立风险补救措施，当海外投资风险最终发生时，企业要积极采取缓解策略来尽可能地降低和弥补损失。

1. 申请国际组织资助

世界粮食计划署（WFP）、国际农业发展基金会（IFAD）、国际复兴开发银行（IBRD）、国际开发协会（IDA）、国际农业发展基金会（英文缩写 IFAD）是联合国系统专门向发展中成员国提供粮食和农业发展贷款的金融机构。IFAD 在增加粮食生产方面，有短期项目、长期项目和政策支持项目：（1）短期项目主要是通过改良土地、改进排灌、改良品种、改进农作制度和管理水平来提高作物产量；（2）长期项目主要是通过兴修水利、垦荒和移民等手段改善和提高农民的生产和生活条件；（3）政策支持项目主要是协助政府解决在土地、物价、信贷、市场、补贴等农业政策投资方面的资金需求。

中国对外耕地投资企业可向国际组织申请用于农业技术援助的赠款及

用于耕地开发，农产品储存、加工和销售，科研推广培训等方面的高度优惠、中度优惠及普通贷款。

2. 求助本国政府

由于农业领域涉及土地、粮食等与主权有关的事宜，东道国政府关注较多，引发政治风险的可能性大。中国投资企业应该：（1）在国家有关部门的支持和指导下开展工作，利用政策导向和业务推介的作用。（2）借助中国政府境外投资信息服务平台、海外商会、投资促进咨询等中介机构，了解投资国的法律法规、税收政策、市场环境与社会文化等。（3）在海外竞标项目时，寻求国家驻外使馆及当地中资机构的帮助，降低可控风险的发生①。（4）通过政府部门的经济外交规避风险，主动寻求合作、认同和尊重通行国际的价值体系观，在对抗中求生存，在合作中求进步，从而构建多元、多层次的耕地投资体系，确保经济及主权安全。（5）依据《中国领事保护与协助指南》向中国政府驻境外办事机构寻求领事保护。

① 衣长军，胡日东．我国企业海外投资风险预警与防范［J］．商业时代，2006（34）：23-24.

第六章
海外耕地投资企业保障体系

第一节　培育海外耕地投资主体

一、培育跨国涉农企业集团

2019 年 11 月 19 日，《中共中央国务院关于推进贸易高质量发展的指导意见》指出，鼓励行业龙头企业提高国际化经营水平，逐步融入全球供应链、产业链、价值链，形成在全球范围内配置要素资源、布局市场网络的能力。

中国大型涉农企业在海外农业开发方面已取得了成绩并积累了海外耕地投资的经验。国家应鼓励企业增强使命与责任担当，充分发挥自身优势、产业优势和对外合作优势，充分利用国内外两个市场和两种资源，加速对全球优质农业资源的投资与布局。延伸农业产业链，形成集种植、养殖、仓储、物流、粮食深加工、畜牧产品深加工、高端品牌营销为一体的产业体系。在更大范围、更广领域、更高层次上参与国际耕地资源配置与全球粮食供给，增强参与国际粮农治理的话语权。

二、支持优势农业上市公司

农业生产规模小、效益低、抗风险能力差、农产品市场竞争力弱等缺点困扰着我国农业及其关联产业的发展。政府应该挑选一批主要从事种植、农产品上、下游生产经营（食品加工商、制造商、零售商）以及农业投入品的优质上市公司，组成农业产业链，提升中国企业的整体经济实力。支持地方国有企业和大型上市公司，结合其自身业务特点，采用“订单+农户”的经营模式，通过生产、技术、资金、加工、贸易、流通等环节的投入掌控全球农产品资源。

三、提高民营企业投资能力

农业农村部统计数据显示，2018 年中国民营农业企业平均对外投资额仅为 1080 万美元，远远低于国有企业 1.9 亿美元的平均投资规模。民营农业企业内部资源重组整合、核心能力培育、商业模式创新等方面存在薄弱环节，缺乏布局全产业链的实力与资金，面临众多风险和压力。借鉴发达国家经验，政府应加大对优势民营企业海外项目支持，改变我国农业对外投资区域分散、产业链低端、抗风险能力差的劣势，支持企业采取多种灵活方式与境外企业合作，形成投资规模与产业集聚效应。

四、专设海外耕地投资基金

政府由财政部、地区政府、非银行金融机构及海外投资企业共同出资设立对外耕地投资专项基金（包括对外投资信贷基金和对外投资保险基金），专门用于支持和鼓励企业海外租买耕地、农业技术输出、农业基础设施建设、农业生产设备购置等方面贷款或补贴等。建立与国际化市场相适应的风险控制机制，从基金投资目的、投资范围、资产组合、目标收益率等方面进行系统规划，提高未来收益的可预见性。逐步建立以国内大型农垦企业为龙头、地方国有企业和优质民营企业为主体、专项耕地投资基金为辅的中国对外耕地投资主体群。

第二节 健全海外耕地投资保障制度

一、海外投资保险制度

海外投资保险制度（overseas investment insurance scheme）又称海外投资保证制度，是资本输出国为保护与鼓励本国私人海外投资而建立的一项重要的国内法制度。[①] 资本输出国政府对本国海外投资者在国外可能遇到的政治风险，提供保证或保险，投资者向本国投资保险机构申请保险后，若承保的政治风险发生致投资者遭受损失，则由国内保险机构补偿其损失。[②]

中国海外投资保险制度的建立不仅有利于中国海外保险法律制度与《多边投资担保机构公约》的规定协调一致，而且可以充分预防东道国政治风险的发生，保护我国海外投资者的利益，维护在东道国的经济利益。

海外投资保险制度属国内法范畴，不足以为中国投资企业提供全面的保障。在国际层面上，中国政府需要与其他国家签订双边投资保护协定、多边投资保护协定，以保障投资者在海外投资权益与利益。

二、健全双边投资保护协定

双边投资保护协定（Bilateral Investment Treaty，BIT）是资本输出国与资本输入国、或互有输出输入国家之间就其投资或与投资有关的业务活动如何给予保护达成的双边条约，缔约双方在协定规定的范围内承担保护外资的责任和义务。[③]

双边投资保护协定主要内容包括：保障本国投资者在东道国享有国民

① 黄俊星，韩清明．我国海外投资保险现状及若干理论问题探讨［J］．上海保险，2010（7）：24-26.

② 王传丽．国际经济法［M］．北京：高等教育出版社，2005.

③ 吕岩峰，何志鹏，孙璐．国际投资法［M］．北京：高等教育出版社，2005，153.

待遇、最惠国待遇；防止对本国的海外企业和资产被强制国有化或没收；为本国投资者的海外利益因东道国发生战争、政变、暴动等突发事件而造成的损失争取正当赔偿；保障本国投资者所获取的海外利润能够从东道国自由汇出；规定相关投资争端的解决与协调机制和程序等。①

截至 2018 年，中国已与世界上 100 多个国家和地区建立了双边经贸混委会机制，与 127 个国家签订了 BIT。双边协定表现为相互保护，由于发展中国家主要是资本输入国，其与发达国家间缔结的双边协定主要起保护发达国家投资者利益的作用。中国已签订的 BIT 未将保护中国境外投资列为重点，导致双边投资协定演变为中国政府的单方面承诺，即使部分 BIT 有相互保障投资安全的条款，由于我国海外投资保险制度的缺失，协定仍难以发挥实际效果。②

中国政府应该进一步推动和加快与欧盟的双边投资协定谈判；在双边合作机制下，我国企业在与东道国政府签署合作协议后，明确当地政府的任务清单及具体执行措施以降低海外投资风险。

三、扩大多边协议签订范围

国际海外保险制度的立法模式主要有双边模式（以美国为代表）、单边模式（以日本为代表）和混合模式（以德国为代表）三种，多边投资担保机制是综合了美、日、德三种模式基础上建立和发展起来的。多边投资担保机构的宗旨是向外国私人投资者提供政治风险担保，包括征收风险、货币转移限制、违约、战争和内乱风险担保，并向成员国政府提供投资促进服务，加强成员国吸引外资的能力，推动外商直接投资流入发展中国家。

中国已加入的多边投资保护条约主要有：（1）1988 年 4 月，中国成为多边投资担保机构（MIGA）创始成员之一，并拥有 3138 股股份，成为仅

① 魏德才，雷羽论．我国海外农业投资保险法律制度的构建——以中国在东盟自由贸易区的农业投资为例［J］．广西师范大学学报（哲学社会科学版），2010，46（2）：61-64.

② 徐婧，朱启荣．对外直接投资政策体系的问题与对策［J］．国际经济合作，2008（5）：9-13.

次于美国、日本、德国、法国和英国的第六大股东。（2）1993 年 2 月 6 日，中国正式加入《解决国家与他国国民之间投资争端公约》（即《华盛顿公约》），该公约的宗旨是为国家与他国国民之间的投资争议提供便利。（3）加入 WTO 后，中国成为《与贸易有关的投资措施协议》的缔约国，《与贸易有关的投资措施协议》成为调整中国对外投资关系的多边条约之一。

2000 年 11 月，多边投资担保机构（MIGA）与中国人民保险公司（PICC）签订协议，共同促进中国企业在其他发展中国家的投资。MIGA 的局限性主要体现为：对投资要求很高、每年签订保险合同数量有限、只承保投向发展中国家境内投资、收费较高。实践表明，MIGA 可承保我国投资者的海外投资可能遭遇的政治风险，但仅依靠 MIGA 对我国海外投资提供保险是不充分的。①

中国政府要积极争取扩大签订国际多边、双边或区域投资保护协定区域范围，就 BIT 文本规范、双重征税、人员签证期限过短、劳务人员限制、入境生产资料关税过高、产品返销国内时征税过高等问题与各东道国积极参与多边贸易规则谈判，维护多边贸易体制的权威性和有效性。

从中国对外开放与农业转型升级全局出发，积极参与区域性农业国际交流合作平台建设，支持多双边涉农国际贸易投资协定谈判，共同编制双边农业投资合作规划。推动构建相对合理完善的农业对外合作国际规则体系，夯实中国农业“走出去”的国际法制基础。

第三节　构建海外耕地投资企业政策支撑

一、加大政府资源外交力度

中国企业大规模发展海外种植业最大问题在于可能面临的政治和外交障碍。中国政府应积极开展国际政治外交活动，探索建立与耕地富裕东道

① 郭晓莉．我国海外投资保险制度的现状与立法完善［D］．青岛：中国海洋大学，2009.

国政府间的政策对话平台，在务实合作基础上制定推进农业合作的规划和措施，支持和推动各类农业合作园区建设，消除“中国威胁论”的不利影响，推进全球粮食事业健康发展。

加强农业对外投资合作顶层设计，明确目标及任务，梳理重点区域、国别、产业，提出一批可落地、操作性强的项目。加强各国农业发展规划、机制平台、具体项目的对接。加强境内外科研机构合作，建立“项目-人才-基地”，加快国际科技合作联合实验室、农业技术示范基地与科技示范园区建设，提升我国农业科技集成创新能力[172]。加强人才交流和信息互通，实施区域粮食综合生产能力提升、农产品产业一体化建设、农业信息化体系建设等方面的合作。

借鉴美国经验，在重要东道国驻外使馆设立专门耕地开发负责部门，派驻农业参赞，加强驻外农业机构的公关力量，减少中国企业海外农业投资和海外经营的阻力，维护我国海外权益、为企业境外投资提供良好的政治与市场保障。

二、财政与金融性政策支持

充分发挥财政资金的引导带动作用，政策性金融机构从人民币海外债权自由兑换、境外人民币回流、境外银行间人民币拆借、境外买方信贷或卖方信贷等方面建立海外投资企业金融支持体系。加大对农业投资提供贷款和股权融资支持，采用进出口信贷、海外投资贷款、官方发展援助贷款、联合贷款、并购贷款、再融资和股权参与及担保等形式，提高企业在国际金融市场和东道国金融市场的融资能力。为企业提供更大规模的融资、融智服务，强化通关与税收政策支持，为企业提供通关和检验检疫便利，减少中间环节，提高服务水平。

三、国际农业投资产业支持政策

中国企业开展农业国际投资并不单纯是企业个体行为，其中还涉及中国粮食安全、农业竞争力提高等重大国家利益。构建适应农业对外合作要求的财政、金融、保险、产业等支持政策；通过优惠贷款、修改贷款担保标准，创新担保形式，支持企业从事海外农业开发和农产品资本运作，扩大中国企业和资本对国际农产品市场的影响力，抗衡国际粮商和国际金融资本对我国农产品生产、流通和价格的控制，获得国际市场农产品的定价权。①

第四节　完善海外耕地投资公共服务

一、加强海外耕地投资规划

政府成立“海外耕地投资智库”探索中国海外耕地投资规划，统筹谋划重点国别、重点产业和重点产品的布局，从投资主体、投资区域、投资方式、投资风险控制等问题进行理论与实证研究，制定出一套适合中国企业的海外耕地投资操作指南，推动农业装备、技术、标准、品牌、服务等方面的对外合作。

农业农村部对外经济合作中心打通国内外政府、商协会和企业之间的信息共享通道，为企业提供全面的政策、资金、国别信息、项目、产业、市场、人才及技术信息，提升企业应对风险的能力，提高经营效益。

二、构建高效的信息服务体系

粮食生产不仅需要热量、光照、水、地形、土壤等自然条件，还对东道国水源水利、天气预报、农业工具设备设施、农业技术、信用和资金服务等有关社会服务体系的依赖性强。日、韩、美等发达国家农业对外投资的顺利实施离不开其完善有效的信息支持体系。

中国商务部和中国驻外使领馆经商机构以及国内有关行业协会组织，应该完善外交和商务服务平台，逐步建立起全方位海外耕地投资信息服务

① 魏德才，雷羽论．我国海外农业投资保险法律制度的构建——以中国在东盟自由贸易区的农业投资为例［J］．广西师范大学学报（哲学社会科学版），2010，46（2）：61-64.

体系。（1）建立完善社会化公共管理和服务体系，定期推出（或修改）《国别贸易投资环境报告》《对外投资国别产业导向目录》《对外承包工程国别产业导向目录》《对外投资合作国别指南》等指导性文件，完善包括投资安全的等级评估、预警和应对预案等贸易促进和保护体系。（2）通过“对外投资合作信息服务系统”及时准确发布各东道国的宏观经济状况、企业背景、与直接投资相关的法律管理程序等资料，发布国际农业市场预测、预警信息。（3）我国驻非洲外交和商务机构应整理中非现有农业合作项目资料，建立项目库，发布非洲各国土地租售价格、投资准入条件、农业政策法规、农产品供求、市场竞争、农业基础设施现状及中长期农业发展规划等方面信息，① 并协助企业进行投资项目申请与洽谈。（4）设立专门机构从事国别风险研究工作，建立国别风险评估体系，定期发表报告供企业海外投资参考，进一步加强对国别风险的控制。

中国政府应该加强对外耕地投资法律、会计、审计、风险评估以及其他经济技术方面的中介机构建设，为我国企业提供相应的技术援助。建立市场化导向、激励相容的中资企业海外商会，以商会为信息共享、项目共享、资源共享的平台，协助解决企业在当地发展中遇到的问题。

三、推进国际农产品营销平台建设

设立企业海外投资案例库及成功企业家的经验分享机制；加强企业间的沟通协作机制，规范本国企业的海外投资行为，强调团结协作，避免过度竞争。

鼓励企业根据市场需求组织生产、依靠科技提高农产品质量、通过规模生产降低成本、借助龙头企业快速销售产品，积极运用物联网、大数据等技术手段开展远程生产监测、运营维护、农产品溯源、售后服务等技术手段支持，促进线上线下融合发展，加强渠道建设和品牌营销，推进国际农产品营销公共平台建设。

---

① 刘曰峰，刘曙光．中非农业合作研究综述［J］．西亚非洲，2010（12）：65-69.

四、加大人才培训与输送

全球部分土地最肥沃的地区也是粮食产量高度不稳定的地区，农户规模小、生产力水平偏低且劳动强度大，进行海外耕地投资需要大量拥有农业生产管理经营经验、精通外语且了解东道国风土人情、风俗习惯、劳动力资源、产业政策、税收政策、市场情况、市场营销的各式各样人才。

中国设立“海外农业投资培训资金”，通过专门培训和综合培训相结合的方法，培养一批既掌握东道国法律、政策、经济和文化传统，又懂得国际规则、国际贸易和经营管理的高素质复合型人才，为海外耕地投资企业提供充足的人力资源保障。

参考文献

[1] Grossman, & Hart. The Costs and Benefits of Ownership: A Theory of Vertical and Lateral Integration. The Journal of Political Economy, 1986, 94 (4), 691-719.

[2] Cai, Kevin G. Outward Foreign Direct Investment: A Novel Dimension of China's Integration into the Regional and Global Economy. The China Quarterly, 1999, Vol. 160: 856-880.

[3] Rowen, H. S. Will China take over world manufacturing? The International Economy, 2003, 17 (1): 72.

[4] Deng, Ping. Outward Investment by Chinese MNCs: Motivations and Implications. Business Horizons, 2004, Volume 47: 8-16.

[5] E. Hong, Sun L. Go Overseas via Direct Investment: Internationalization Strategy of Chinese Corporations in a Comparative Prism. Centre for Financial and Management Studies, 2004, (1) .

[6] Zhang, Yongjin, China Goes Globa, Discuss Paper published by the Foreign Policy Center, London, NW11HY, UK. 2005.

[7] Wu, F. The Globalization of Corporate China, NBR Analysis, 2005, 16 (3) .

[8] Witt, M. A. Lewin. H. Y. Outward Foreign Direct Investment as Escape Response to Home Country Institutional Constraints. Journal of International Business Studies, 2007, 38 (4): 579-594.

[9] Cheng and R. Stough. The Pattern and Magnitude of Chinas' Outward FDI in Asia, ICRIER Project Paper, New Delhi India, 2007.

[10] Randal, M., B. Yeung and Min yuan Zhao, Perspectives on Chinas'

Outward Foreign Direct Investment, Discussion Paper, 2007.

[11] Antkiewicz, A. J. Whalley, Recent Chinese Buy out Activity and the Implication for Global Architecture, NBER Working Paper12072. 2006.

[12] Gammeltoft, P. Emerging Multinationals: Outward FDI from the BRICS Countries, International Journal of Technology and Globalisation, 2008, 4 (1), 5-22.

[13] 宝贡敏．关于国际直接投资理论的思考——发展中国家企业向发达国家直接投资动因为中心的分析［J］．国际贸易问题，1996（12）：4-8.

[14] 刘海云．规模经济与发展中国家的对外直接投资［J］．国际贸易问题，1998（8）：12-16.

[15] 孙建中．中国对外直接投资产业选择研究［M］．北京：中国财政经济出版社，2000.

[16] 宋亚非．中国企业跨国直接投资研究［M］．大连：东北财经大学出版社，2001.

[17] 张惠博．中国海外直接投资战略研究［D］．大连：东北财经大学，2002.

[18] 王迎新．论海外直接投资与贸易的关系［J］．财贸经济，2003（1）：80-85.

[19] 魏益华．中国对外直接投资研究［D］．长春：吉林大学，2005.

[20] 何骏．中国企业对外直接投资的内外动力源研究［J］．科学学与科学技术管理，2008（7）：143-146.

[21] 陈道富．发展中国家对外直接投资的经验教训借鉴［J］．重庆工学院学报（社会科学版），2009，23（3）：59-60.

[22] 杨国亮，王玲．中国对外直接投资的发展策略研究［J］．东北财经大学学报，2010（1）：52-56.

[23] 高敏雪，李颖俊．对外直接投资发展阶段的实证分析——国际经验与中国现状的探讨［J］．管理世界，2004（1）：55-61.

[24] 邱立成，于李娜．中国对外直接投资：理论分析与实证检验

［J］. 南开学报（哲学社会版），2005（2）：72-77.

［25］蔡明聚. 我国对外直接投资可持续发展研究［D］. 厦门：厦门大学，2006.

［26］薛求知，朱吉庆. 中国对外直接投资的理论研究与实证检验［J］. 江苏社会科学，2007（4）：65-70.

［27］张为付. 中国对外直接投资与经济发展水平关系的实证研究［J］. 南京大学学报（哲学社会科学版），2008（2）：55-64.

［28］黄武俊，燕安. 中国对外直接投资发展阶段实证检验和国际比较［J］. 国际商务（对外经济贸易大学学报），2010（1）：67-73.

［29］乔惠平. 中国企业对外投资的发展战略选择［J］. 改革，2002（2）：64-66.

［30］江小涓. "十五"我国对外投资的规模与重点选择［J］. 中国经贸导刊，2003（2）：8-10.

［31］江小涓. 中国对外开放进入新阶段：更均衡合理地融入全球经济［J］. 经济研究，2006（3）：4-13.

［32］程惠芳，阮翔. 用引力模型分析中国对外直接投资的区位选择［J］. 世界经济，2004（11）：23-30.

［33］李辉. 经济增长与对外投资大国地位的形成［J］. 经济研究，2007（2）：38-47.

［34］项本武. 东道国特征与中国对外直接投资的实证研究［J］. 数量经济技术经济研究，2009（7）：33-43.

［35］韦军亮，陈漓高. 政治风险对中国对外直接投资的影响——基于动态面板模型的实证研究［J］. 经济评论，2009（4）：107-113.

［36］贺书锋，郭羽. 中国对外直接投资区位分析：政治因素重要吗?［J］. 上海经济研究，2009（3）：3-7.

［37］Robert Paarlberg. The Weak Link between World Food Markets and World Food Security. Food Policy，2000，25（1）：317-335.

［38］Timmer. The Macro Dimensions of Food Security：Economic Growth，Equitable Distribution，and Food Price Stability. Food Policy，2000，25（4）：

283-295.

[39] Suresh Babu Pinstrup-Andersen. Achieving food security in Central Asia current challenges and policy research needs. Food Policy, 2000, 25 (3): 629-635.

[40] Jos Bijman and Joyce Tait, August Public policies influencing innovation in the agrochemical, biotechnology and seed industries, Science and Public Policy, 2000, 29 (4), 245-251.

[41] 姜会明.中国农业国际化道路研究 [J]. 农业经济问题, 1997 (11): 13-17.

[42] 帅传敏, 张金隆, 龚业明.中国农业国际化的困境与出路 [J]. 华中农业大学学报 (社会科学版), 2002 (3): 2-5.

[43] 穆贤清, 黄祖辉, 张小蒂.国外环境经济理论研究综述 [J]. 国外社会科学, 2004 (2): 29-37.

[44] 周明建, 叶文琴.发达国家确保粮食安全的对策及对我国的借鉴意义 [J]. 农业经济问题, 2005 (6): 74-78.

[45] 张士功.耕地资源与粮食安全 [D]. 北京: 中国农业科学院, 2005.

[46] 吴兆契.中国和非洲经济合作的理论与实践 [M]. 北京: 经济科学出版社, 1993: 40.

[47] 安春英.对合作开发非洲土地资源的思考 [J]. 西亚非洲, 1999 (5): 61-65.

[48] 韩相山.非洲农业开发大有可为西亚 [J]. 非洲, 2003 (1): 63-65.

[49] 王勇, 杨兴礼.论中国企业向非洲农业投资的增长极战略 [J]. 重庆邮电学院学报 (社会科学版) 2004 (5): 65-68.

[50] 李嘉莉.对加强中非农业合作的若干思考 [J]. 世界农业, 2005 (5): 11-14.

[51] 王晨燕.对非洲农业援助新形式的探索 [J]. 国际经济合作, 2008 (4): 35-38.

［52］蒋和平．中非农业合作的思路与政策建议［J］．农业科技管理，2008，27（4）：5-7.

［53］李淑芹，石金贵．全球粮食危机与非洲农业发展［J］．世界农业，2008（10）：1-2.

［54］李秀峰，徐晓刚，刘利亚．南美洲和非洲的农业资源及其开发［J］．中国农业科技导报，2008，10（2）：56-66.

［55］俞毅．论我国对非洲跨国农业投资的战略构建［J］．农业经济问题，2009（11）：33-38.

［56］刘稚．云南与东盟国家农业合作的前景与思路［J］．东南亚，2004（1）：26-31.

［57］王永春，王秀东．推进中国—东盟农业合作促进中国农业发展［J］．世界农业，2006（4）：12-13.

［58］黄凌军，何政．广西与东盟农业合作的分析与展望［J］．广西农学报，2007（4）：63-64.

［59］唐盛尧．中国与东盟农业合作的战略选择［J］．世界农业，2008（12）：3-6.

［60］陈前恒，吕之望．中国与东盟农业合作状况与展望［J］．东南亚研究，2009（4）：46-50.

［61］刘钧霆．中国农业向东盟国家"走出去"战略研究［J］．经济问题探索，2014（5）：86-89，121.

［62］王永春，王秀东．中国与东盟农业合作发展历程及趋势展望［J］．经济纵横，2018（12）：88-95.

［63］姜晔，茹蕾，杨光，陈瑞剑．"一带一路"倡议下中国与东盟农业投资合作特点与展望［J］．世界农业，2019（6）：12-16.

［64］杨君岐，任禹洁．"一带一路"沿线国家的投资风险分析——基于模糊综合评价法［J］．财会月刊，2019（2）：131-139.

［65］张广翠．中国粮食安全的现状与前瞻［J］．人口学刊，2005（3）：37-41.

［66］龙方，曾福生．中国粮食安全的战略目标与模式选择［J］．农

业经济问题，2008（7）：32-38.

［67］张云华．参与海外农业开发的机遇与对策［J］．农业工作通讯，2009（20）：16-18.

［68］石军红．“海外屯田”与我国粮食安全问题述论［J］．湖北社会科学，2009（7）：81-83.

［69］李睿璞，卢新海．中国海外耕地投资的SWOT分析［C］．2009年中国土地学会学术年会论文集：649-653.

［70］黄善林，卢新海．当前国际上海外耕地投资状况及其评析［J］．中国土地科学，2010，24（7）：80-84.

［71］韩俊．14亿人的粮食安全战略［M］．海口：海南出版社，2013.

［72］程国强．全球农业战略：基于全球视野的中国粮食安全框架［M］．北京：中国发展出版社，2013.

［73］陈瑞剑，廖绍攀．中国农业企业“走出去”的现状、问题与对策［J］．农业经济问题，2013（11）：44-50.

［74］卢新海，李书宁．海外耕地投资模式探析［J］．西北农林科技大学学报（社会科学版），2012（6）：81-85.

［75］韩璟，李岩，卢新海．部门合作型海外耕地投资模式分析［J］．农业现代化研究，2017，38（2）：241-249.

［76］卢新海．海外耕地投资与中国面临的机遇、挑战与对策［J］．湖北行政学院学报，2014（03）：5-11+2.

［77］卢新海，韩璟．海外耕地投资研究综述［J］．中国土地科学，2014，28（8）：88-95.

［78］王蕾．中国投资海外耕地的国别选择研究——以地缘关系为分析视角［D］．武汉：华中科技大学，2014.

［79］王蕾，卢新海．海外耕地投资的概念溯源与界定［J］．当代经济，2016（1）：18-20.

［80］卢新海，达吾然·沙合提汗，韩璟．海外耕地投资法律规制及其对中国的启示［J］．世界农业，2016（4）：23-28.

［81］卢新海，左俊美．论日本海外耕地投资空间地域选择［J］．中

国房地产，2017（9）：29-39.

［82］韩璟，卢新海．粮食安全视角下的中国海外耕地投资保障体系研究［J］．中国软科学，2017（2）：17-28.

［83］王帅．全球粮食贸易中关键点的风险与我国粮食安全［J］．国际经济合作，2017（11）：21-28.

［84］柯善淦，卢新海，葛堃，李慧芳．基于海外耕地投资的国内国际粮食价格联动效应分析［J］．中国农村经济，2017（12）：65-79.

［85］卢新海，柯善淦．基于海外耕地投资的中国粮食供给安全研究［J］．中国人口·资源与环境，2017，27（5）：102-110.

［86］姜小鱼，陈秧分，王丽娟．中国海外耕地投资的区位特征及其影响因素——基于2000—2016年土地矩阵网络数据［J］．中国农业资源与区划，2018，39（9）：46-53.

［87］韩璟，杨莼，柯楠，卢新海．中美对非洲海外耕地投资东道国的选择差异与影响因素分析［J］．中国土地科学，2018（8）：38-43.

［88］万凯，卢新海．中国海外耕地投资东道国选择的影响因素研究——基于贸易引力模型和随机效用模型的实证［J］．中国土地科学，2018，32（2）：75-81.

［89］孙侦，贾绍凤，吕爱锋．中国海外耕地投资状况研究［J］．资源科学，2018，40（8）：1496-1504.

［90］Baird I S，Thomas H. Toward a Contingency Model of Strategic Risk Taking. Academy of Management Review，1985，10（2）：230-243.

［91］Avi Fiegenbaum，Howard Thomas. Attitudes Toward Risk and The Risk-Return Paradox：Prospect Theory Explanations. Academy of Management Journal，1988，31（1）：85-106.

［92］Boehm，R. A. Modern Financial Theory，Corporate Strategy and Public Policy：Three Conundrum. Academy of Management Journal，1991，（2）：379-393.

［93］A. H. Mowbray，R. H. Blanchard. Insurance. NewYork：McGraw-Hill，1995.

[94] Chapman C. Project Risk Analysis and Management-PRAM the Generic Process. Internation Journal Project Management, 1997, 15 (5): 273-281.

[95] Copper, H. M., Champan, K. B. A Knowledge-based System for Identifying Potential Project Risks International Journal of Management Science, 1998, 26 (5): 623-638.

[96] Palmer T B. and Wiseman R M. Decoupling Risk Taking From Income Stream. Uncertainty: A Holistic Model of Risk. Strategic Management Journal, 1999, 20 (11): 1037-1062.

[97] T. K. Das. Strategic Risk Behavior and Its Temporalities: Between Risk Propensity and Decision Context. Journal of Management Study, 2001, 38 (4): 515-534.

[98] Sayan Chatterjee, Robert M. Wiseman. Integrating Behavioral and Economic Concepts of Risk into Strategic Management: the Twain Shall Meet. Long Range Planning, 2003, 36: 6-79.

[99] Adrian J. Slywotzky & John Drzik. Countering the Biggest Risk of All. Harvard Business Review. 2005 (5): 10.

[100] 杨华江. 集团公司战略风险的管理控制机制探讨 [J]. 中国软科学, 2001 (9): 65-69.

[101] 杨华江. 集团公司战略风险管理的理论探讨 [J]. 南开管理评论, 2002 (3): 56-61.

[102] 刘升福. 企业战略风险管理理论综述 [J]. 现代管理科学, 2003 (12): 31-32.

[103] 刘升福. 基于战略转换的战略风险研究 [J]. 管理科学, 2004, 17 (2): 32-38.

[104] 吴益军. 跨国公司战略风险管理流程研究 [D]. 上海: 复旦大学, 2003.

[105] 廖跃华, 吴毅军. 跨国公司风险管理新视野——战略风险管理模型 [J]. 上海理工大学学报 (社会科学版), 2004 (6): 10-13.

[106] 杜永怡, 郭菊娥, 杨华江. 集团公司战略风险辨识及其形成机

理研究［J］. 技术经济与管理研究，2004（3）：27-29.

［107］杨乃定，贾晓霞．项目投资效果区域风险的多变量测度分析［J］. 财经研究，2005，31（6）：28-37.

［108］祝志明，杨乃定，姜继娇，贾晓霞．企业战略风险识别研究［J］. 科研管理，2005，26（6）：1-6.

［109］刘建国．风险识别、评估与动态预警研究［D］. 北京：北京科技大学，2008.

［110］王翔，李东，项保华．基于 BSC 的企业整合型战略风险管理系统研究［J］. 科研管理，2005，25（5）：79-85.

［111］成敏，潘昆，张春仁．基于资源观的战略风险研究［J］. 湖北社会科学，2009（11）：78-80.

［112］商迎秋．企业战略风险识别模型构建［J］. 技术经济与管理研究，2011（1）：68-73.

［113］王宝海，王益强．入世后实施农业国际化的风险及其防范对策［J］. 湖南农业大学学报（社会科学版），2003（9）：22-25.

［114］丁君风．跨国公司的政治风险管理对策及其对我国的借鉴［J］. 世界经济与政治论坛，2006（2）：38-42.

［115］吕坤．中国外向型企业风险评估与控制研究［D］. 济南：山东大学，2006.

［116］赵银德．企业跨国经营中的东道国政治风险及其防范对策［J］. 中国安全科学学报，2006（2）：52-58.

［117］牛国良．中国资源型企业海外投资所面临的风险与防范［J］. 北京市经济管理干部学院学报，2007，22（3）：16-19.

［118］虎岩．河南省海外投资风险与对策［J］. 法制与社会，2008（8）：146-147.

［119］李清文．我国境外投资风险防范的几点构想［J］. 湖南工业职业技术学院学报，2008（6）：43-45.

［120］秦远建，何腊柏．中国企业境外资源合作战略风险的成因及其构成［J］. 开发研究，2009（4）：116-119.

[121] 许慧，胡曲应，许家林．论中国企业海外投资风险的防范与监管［J］．中南财经政法大学学报，2009（6）：97-103.

[122] 国家风险评级课题组．2013 年中国海外投资国家风险评级报告（CROIC-IWEP）［J］．国际经济评论，2014（1）：123-136.

[123] 卢新海，陈丽芳．基于层次分析法的海外耕地投资风险评价［J］．资源开发与市场，2013，29（3）：257-261.

[124] 卢新海，海外耕地投资与中国面临的机遇、挑战与对策［J］．湖北行政学院学报，2014（3）：6-11.

[125] 余姝，陈伟，郁长坤．中国海外农业投资区位选择中东道国法治环境评价［J］．世界农业，2019（9）：46-52.

[126] 埃莉诺·奥斯特罗姆．制度安排和公用地两难困境［M］．上海：商务印书馆，2001.

[127] 陈来生．全球性农业公共品供给问题探讨［J］．生产力研究，2005（10）：37-39.

[128] 刘强．当前若干非传统安全问题的国际政治解读［J］．南京政治学院学报，2009，25（4）：59-62.

[129] Kaul, Inge. How to Improve the Provisionof Goods, in Kaul et al, eds. Providing Global Goods: Managing Globalization. Oxford University Press, 2003.

[130] 张德刚．林业全球公共品探讨［J］．中国林业经济，2007，83（3）：11-13.

[131] 罗鹏部．全球公共产品供给研究——基于激励和融资机制的分析［D］．上海：华东师范大学，2008.

[132] 蒋经法，杨伊．加总技术条件下全球性公共品提供及激励机制设计［J］．财贸经济，2008（12）：53-57.

[133] 苑基荣．东亚公共产品供应模式、问题与中国选择［J］．国际观察，2009（3）：58-64.

[134] Hymer, S. The International Operations of National Firm: A Study of Direct Investment. Doctoral Dissertation Massachusetts Institute of Technology, 1960.

[135] Vernon. R. International Investment and International Trade in the

Product Cycle. Quarterly Journal of Economics，1966，May.

［136］ Buckley，P. J. & Mark C. Casson. Models of the Multinational Enterprises. Journal of International Business Studies，1998，29（1）.

［137］ John H. Dunning. The Multilateral Enterprise. New York：Harper Collins Publishers Ltd. 1971.

［138］ Kiyoshi. Direct Foreign Investment：A Japanese Model of Multinational Business Operation. London：Croom Helm. Kojima. 1978.

［139］ John H. Dunning. Globalization Trade and Foreign Direct Investment. Oxford：Elsevier Seienee Ltd. 1998.

［140］ Andrews K. The Coneept of Corporate Strategy. Homewood，IL：Irwin. 1971.

［141］ Frank，L. Winfrey.，James，L. Budd. Reframing Strategic Risk. SAM Advanced Management Journal，1997，62（4）：256-272.

［142］ Barton S. A Proposed Strategic Decision-making Process of Management of Strategic Risk in Small Entrepreneurial Firms. Risk Strategy and Management. Greenwich，Conn：JAI Press：1990，55-81.

［143］ James Braian Quin，Frederick. J. Outsourcing Strategy：Managing Strategic Risk，Globl Focus，2000，12（3）：99-112.

［144］ 赵立军，李先德，陈秧分．全球负责任农业投资规则的发展进程及中国的应对策略［J］．世界农业，2016（6）：16-19，39.

［145］ 陈伟．中国农业对外直接投资研究［M］．北京：中国农业出版社，2015，20.

［146］ 张振，于海龙，王忠兴．中国农业对外合作的发展史与路径优化：1949-2019［J］．宏观经济研究，2019（10）：16-24.

［147］ 张宁．中国与中亚国家的粮食贸易分析［J］．欧亚经济，2019（2）：8-20.

［148］ 侯仕军．发展中国家农业外商投资研究［J］．国际经济合作，2010（1）：20-26.

［149］ 刘钧霆．中国农业向东盟国家“走出去”战略研究［J］．经济

问题探索，2014（5）：86-89，121.

［150］李嘉．完善我国海外投资保障机制的法律研究［J］．华东政法大学学报，2007（3）：36-41.

［151］杨光，柏娜，陈瑞剑．我国农业对外投资合作的特点及形势分析［J］．农业经济，2019（11）：131-132.

［152］李兴国．中国农业对外合作国际规则构建研究［J］．亚太经济，2019（2）：129-131.

［153］韩振国，于永达，徐秀丽．“一带一路”倡议下中国对外农业政策变迁分析［J］．世界农业，2018（12）：97-101.

［154］龙晓柏，洪俊杰．韩国海外农业投资的动因、政策及启示［J］．国际贸易问题，2013（5）：78-86.

［155］金虹．中国企业海外投资的环境评估与区域选择［J］．改革，2003（01）：44-47.

［156］胡冰，王晓芳．对外投资、东道国金融生态与支点国家选择——基于对“一带一路”国家的研究［J］．国际经贸探索，2019，35（07）：81-98.

［157］张宗斌，汤子玉，辛大楞．城市化与城市规模对中美对外直接投资区位选择的影响研究［J］．中国人口·资源与环境，2019，29（12）：158-167.

［158］王金波．双边政治关系、东道国制度质量与中国对外直接投资的区位选择——基于2005—2017年中国企业对外直接投资的定量研究［J］．当代亚太，2019（03）：4-28+157.

［159］宋维佳，许宏伟．对外直接投资区位选择影响因素研究［J］．财经问题研究，2012（10）：44-45.

［160］Thomas. Risk Measures and Return Performance：Critical Approach. European Journal of Operational Research，2004，155：268-275.

［161］Richard A. Bettis and Vijay，Risk Analysis in Corporture Performance Measurement. Risk，Strategy and Magement. Jat Press：1990，176-201.

［162］Bettis R A，Mahajin V. Risk Analysis on Corporate Performance

Measurement. in Bettis R A. Risk, Strategy and Management. Greewich, Conn: JAI Press, 1990.

[163] Collins J M, Ruefli T W. Strategic Risk: A State-defined Approach. Norwell, MA: Kluwer Academic Publishers, 1996.

[164] Ames M. Collins&Tmothy W. Ruefli. Strategic Risk: a State Defined Approach. Kluwer Academic Publishers, 1996

[165] Harald Knudsen. Explaining the National Propensity to Expropriat: An Ecological Approach [J]. Journal of International Business, Spring 1974

[166] Dan Haendel. Foreign Investments and the Management of political Risks. Boulder, Co: Westview, 1979: 108.

[167] W. Ting. Business and Technological Dynamics in Newly Industrializing Asia. Quorum Books, 1985: 57.

[168] Richard A. Bettis & Vijay Mahajin. Risk Analysis in Corporate Performance Measurement, Risk, Strategy, and Management. JAT Press, 1990.

[169] 雷涯邻，徐向阳，潘锡辉．我国稀缺矿产资源对外投资战略选区的思考［J］．中国国土资源经济，2004，17（6）：31-34.

[170] 刘升福，刘洋．基于模糊数学的企业战略风险测度与评价［J］．建筑机械，2006（8）上半月：70-73.

[171] 聂荣．农业风险及其规避机制的研究［D］．北京：中国农业科学院，2006.

[172] 程长林，任爱胜，柳萌，王永春，修文彦．“一带一路”背景下中国农业科技国际合作现状与模式研究［J］．世界农业，2017（8）：108-111.